뻔한 소그룹
Fun하게 Design하라!

뻔한 소그룹
Fun하게 Design하라!

초판발행 | 2013년 1월 02일이
개정판 3쇄 | 2017년 4월 17일

지은이 | 강정원
발행인 | 정신일
편집인 | 이상화
기획편집 |김선희, 김경미
펴낸곳 | 크리스천리더
출판등록 | 제 2-2727호(1999. 9. 30)
주소 | 경기도 부천시 원미구 중동 1289번지 팰리스카운티 아이파크상가 301호
전화 | 032-342-1979(업무부)
팩스 | 02-343-3567
전자우편 | chmbit@hanmail.net

책값은 뒤표지에 있습니다.
ISBN 978-89-6594-215-3 03230

뻔한 소그룹 Fun하게 Design하라!

만남의교회 가정교회 이야기

강정원 지음

최근 셀교회와 소그룹 및 가정교회에 관한 책들이 많이 발간되고 있는바, 강 목사님은 이런 개념들을 자신의 목회에 적용하여 본 후, 그 경험을 고스란히 담아 기술하였다. 그래서 우리는 강정원 목사님의 목회 스타일을 배우게 된다.

강 목사님은 교회를 개척하기 전 어떤 교회를 이룰 것인가에 대한 깊은 고민, 교회론에 대해 성찰과 앞으로의 목회계획 전반에 대한 검토를 하였다. 이른바 전략적 목회를 하였다는 것인데, 건강한 교회를 이루기 위한 중요한 첫걸음인 것이다.

강 목사님은 한국의 많은 건강한 교회들을 벤치마킹하여 자신의 목회를 구성하였으며, 그러한 도전을 통해 자기 나름의 목회 스타일을 구축하였다. 이러한 과정에서 강 목사님의 마음에 들었던 목회 스타일은 소그룹을 활성화하는 가정교회 스타일의 목회였던 것 같다. 그는 양 날개로 나는 교회의 모습을 추구하면서 건강한 소그룹이 활성화되며, 축제적 예배로서의 대그룹이 강화되는 교회를 만들고자 하였다.

강 목사님은 가정교회의 장단점을 잘 이해하고 있는 것 같다. 가정교회를 일방적으로 강조하다 보면, 교회의 전체적인 조직성이 약화되기 쉬운바, 그것을 극복하기 위해 전체적으로 모이는 대그룹으로서의 예배를 아울러 강조하였던 것이다. 강 목사님은 또한 전체적으로 모이는 대예배만을 가지고는 교회가 건강하게 성장할 수 없다는 것을 잘 이해하고 계신다. 대예배만을 드리고 헤어지게 되면 성도간의 친밀한 교제가 강화되기 어려운 바, 이러한 양면의 단점을 극복하기 위한 목회 스타일을 강 목사님은 추구하고 있는 것이다.

필자는 이 같은 강정원 스타일의 목회가 오늘의 한국교회에 유용할 것으로 생각한다. 아무리 목회의 외적인 구성이 좋다고 하여도 그 목회의 진정한 콘텐츠가 없다면, 그러한 목회는 오래갈 수 없을 것이다. 이러한 목회 콘텐츠를 강화하기 위하여 나름의 교육적 프로그램을 운영하시고 계신다. 목사님은 특히 가장·총무 수련회나 년 초 지도자세미나, 금요연합기도회, 지도자 선교여행, 세미나 등을 통해서 교회의 중심사역자들의 교육을 정돈하여 나가신 바 있다.

이 같은 강 목사님의 목회사역이 오늘의 교회뿐 아니라 가정을 튼튼하게 하는 좋은 실천이 될 것을 믿어 의심치 않는다. 오늘의 목회자들과 평신도들이 꼭 한 번 읽어볼만한 책을 만드는 강 목사님의 노고를 크게 치하하는 바이다.

노영상 목사

호남신학대학교 전 총장

다산 정약용 선생께서는 "목민자유사외 하외민 상외대성 우상이외 조정 우상이외천"(牧民者有四畏 下畏民 上畏臺省 又上而畏朝廷 又上而畏天)이라고 했다. 말 그대로 목민관이 두려워해야 할 것 네 가지를 이야기한 것인데, 아래로는 백성을 두려워해야 하고 위로는 대성(臺省)을 두려워해야 하며, 또 그 위로는 조정(朝廷)을 두려워하고 또 그 위로는 하늘을 두려워해야 한다는 의미이다.

정약용 선생의 가르침에 가까운 모습으로 삶을 치열하게 살았고, 그만큼 사역에서도 열정을 쏟아 오신 분이 강정원 목사님이심을 많은 분들이 잘 알고 있다. 성도들을 섬기고, 교회와 노회와 지역의 여러 자리에서 헌신과 수고와 인내로 젊음의 열정을 그대로 불사르신 것을 가장 가까이에서 지켜 보아왔기에, 후배이지만 마음으로부터 깊은 존경과 사랑으로 함께 하여왔다. 뿐만 아니라 현대 교회가 남의 시선을 두려워할 때에 하나님을 경외하는 마음으로 한 길 외롭고 험난한 길도 마다하지 않았던 일들을 누구보다도 더 잘 알기 때문이다.

지난 13년의 수고와 땀의 결과가 오늘 여러분에게 선보이는 '뻔한 소그룹 Fun하게 Design하라!'이다. 제목을 보면서 "역시 시인이다"라는 생각을 하였다. 프로그램으로 넘쳐나 어느 것을 어떻게 선택하여 적용해야 할지 그 갈피마저도 잡기 어려운 오늘날의 시대에서 간과하기 쉬운 부분인 '소그룹'을 이처럼 맛깔나게 표현하는 것은 "역시 시인이 아니고서는 어려운 일이다"라는 생각을 하였다. 소그룹을 어떻게 해야 할지도 우리가 다 알고 있는 '뻔'한 내용들이다. 그런데 그 방법론을 "재미있게 설계하는 것"이라고 밝히는 강목사님의 글은 많은 부분을 놓치고 살아왔던 목회자와 성도들에게 적잖은 충격과 반성을 안겨줄 것이다. 그만큼 교회의 본질을 놓치고 살아왔기 때문일 것이다. 더욱이 사역 현장에서 경험하게 되는 다양한 상황들에 대한 진지한 고민과 눈물, 기도, 순종이 그대로 녹아져 있기 때문에 피부 깊숙이 전달되는 감동을 느낄 수 있을 것이다.

이제 이 감동의 울림이 많은 사람들의 심장을 울리게 되리라 믿는다. 그 울림은 잠들어가는 교회에 열정과 회복의 불씨로 타오르게 될 것이다. 생생한 현장의 기록이 그것을 말해주고 있기 때문이다. 이 책이 많은 분들의 손에 읽혀지기를 원한다. 그래서 침체되어가는 한국교회가뜨거운 열정으로 다시 일어 나기를 간절히 바랄 뿐이다.

채영남 목사

본향교회, 예장총회(통합) 전 총회장, 광주성시화운동본부 대표회장

강정원 목사님은 일찍이 소그룹 목회, 특히 가정교회를 통한 소그룹 사역에 눈을 뜨셨던 분이었다. 여러 연구를 통해 소그룹 목회에 대해 잘 정리하고 분석하여 가정교회 안에서 소그룹이 얼마나 그 취지에 맞게 운영될 수 있는지를 밝히는데 열심을 다하셨다. 이제 독자에게 더 가깝게 다가가기 위해 그동안의 연구를 더 잘 다듬어서 출판하게 되었다.

소그룹은 단순히 교회의 액세서리가 아니다. 소그룹을 대충 만들고 모이라고 광고하는 그러한 프로그램이나 이벤트로 해서는 목회자든 성도들이든 그 누구도 소그룹의 진면모를 경험할 수 없다. 소그룹 목회는 교회의 중심 철학이 되어야 한다. 왜냐하면, 소그룹으로 교인들이 모여 교제하며 기도하고 예배하며 선교활동에 참여할 때, 교회 안에 친밀도를 강화하고 공동체성을 활성화하기 때문이다. 이는 곧 교회의 본질을 구현하는 최적의 소프트웨어이다. 나아가 그 어떤 종류의 소그룹 유형보다 특히 '가정교회'로서의 소그룹이야말로 교회 성도들이 그리스도 안에 참 형제요 자매인 것을, 즉 믿음 안에 성도들 모두가 한 '가족'인 것을 실제화시킨다. 강정원 목사님의 '만남의교회'는 이를 실현하고 그 모델로 우리에게 잘 제시하였다.

이제 거의 식상한 듯한 '뻔한 소그룹'이 아닌 진짜, 목회자나 성도들 모두에게 재미난, 신령한 의미에서의 'Fun'한 소그룹을 만나게 될 것이다. 누구나 교회를 주님이 원하는 모습으로 만들기를 원한다. 그러나 잘 알지 못해서, 혹은 잘 배우지 못해서 그러한 교회를 만드는 데 실패를 거듭한다. 이제 그런 걱정이 없게 되었다. 교회를 주님이 원하는 모델로 만들기를 원하는 누구에게든 이 책에서 그 답을 구할 수 있게 되었기 때문이다. 부디 한국 교회의 모든 목회자들이 어렵게 목회하여 본인도 힘들고 교인들도 괴롭게 하지 말고, '만남의 교회'를 벤치마킹하길 바란다.

이 책은 확실히 잘 요리된 맛깔 난 교회의 소프트웨어를 보여주고 있다. 이 책을 읽는 독자는 분명히 후회하지 않을 목회의 달콤한 맛을 새롭게 느끼게 될 것이다. 평신도들도 진짜 살맛 나는 교회 생활을 즐기게 될 것이다. 한국 교회를 건강하게 만들 이 귀한 책을 목회자와 평신도 지도자 그리고 '뻔한' 소그룹에 실망했던 사람들 모두에게 기쁜 마음으로 적극 추천한다.

권문상 교수

웨스트민스터신학대학원대학교 소그룹목회학 디렉터

지난 2001년도에 '21세기 신교회론 이것이 가정교회다'가 출판되었었다. 가정교회 사역을 시작한 지 3년도 채 되지 않은 때 책이 발간되어 후에 보니 현장 부분에 아쉬움이 많음을 발견할 수 있었다. 때가 되면 내용을 업데이트하여 다시 발간해야겠다는 생각을 자주 했었다. 차일피일 미루다가 지금까지 하지 못하고 있는데 금번에 나의 사랑하는 동역자 강정원 목사가 가정교회에 관한 책을 내놓게 되어 한없이 기쁘고 다행스럽게 생각된다. 더군다나 저자와 나는 오래전부터 같은 목회철학과 비전을 가지고 제자훈련과 가정교회 사역으로 한국교회와 목회자들을 섬기는 일을 해왔다. 내가 한국교회에 말하고 싶은 것을 대신 말해주어 참으로 기쁘다.

이 저서는 다음 세 가지 면에서 돋보인다.

첫째, 저자의 사역 동기와 태도가 훌륭하다.

저자가 초지일관 고민하고 있는 것은 성경에서 말하고 있는 바람직한 교회를 세우는 것이었다. 보이는 교회를 크게 성장시키려고 시도해 본 흔적이 없다. 오직 건강한 바른 교회, 세상이 필요로 하는 교회를 꿈꿔왔다.

둘째, 이론과 현장이 균형을 이루고 있다는 점이다.

피상적이고 추상적인 내용이 아니라 원리에 입각하여 땀과 눈물로 현장에서 겪었던 노하우를 공개했다는 점이다. 큰 공동체와 기초공동체가 각각 독립적이며 보완·유기적 관계의 공동체로 세워져 가고 있는 것이다. 저자 강정원 목사는 신학대학원 박사과정에서 소그룹 목회학을 연구로 학위를 얻어 가정교회의 이론 면에서도 확실한 뒷받침이 되고 있다.

셋째, 가정교회의 리더를 훈련해서 세우고 있는 점이다.
소그룹의 생명은 훈련된 리더에 달려있음에도 오늘날 많은 셀(Cell)들은 리더를 훈련해서 세우지 않고 되는대로 적당히 세우는 경향 때문에 그룹원들이 곤혹을 치르고 소그룹 사역의 정착이 혼전을 거듭하고 있다.

소그룹 사역을 목회의 본질로 보지 않고 방법론 또는 프로그램화, 세팅화되고 있는 한국교회 현실 속에서 본 저서는 성경적인 아름다운 공동체를 열망하는 목회자들에게 지침서가 되어 큰 도움이 되리라 확신한다.

최상태 목사

화평교회·CAL-NET 경기지역 대표

강정원 목사와의 만남은 한국소그룹목회연구원에서 주최하는 세미나였다. 그 후 지금까지 변함없는 관계를 가지면서 함께 동역하는 길을 가고 있다. 강목사님을 지켜보면서 느끼는 한 가지는 그의 열정과 헌신이다. 학문이면 학문, 목회면 목회, 세미나면 세미나를 열정과 헌신으로 감당한다는 것이다. 그런데 이번에는 '뻔한 소그룹 Fun하게 Design하라'의 책을 출판하게 되어 진심으로 마음에서 우러나오는 기쁨을 함께하고 싶다.

강 목사님은 만남의교회의 개척과정과 사역과정을 진솔하게 전개해 나가고 있다. 그중 잊히지 않는 일화는 13년 전 찬바람이 매섭다 못해 살을 에는 듯한 추운 그 초겨울 아무도 없는 야산에 교회를 개척했을 때이다. 모두가 번화가로, 일명 성공하기 좋다는 '목 좋은 곳'을 마다하고 허허벌판 홀연 단신으로 교회를 창립한 고집은 많은 목회자와 성도들에게 적잖은 충격을 준다. 믿음의 고집과 바보스럽기까지 한 그의 순종은 말씀에 바탕을 둔 기도의 응답에 대한 헌신의 결과물이다. 사실, 많은 사람이 바른길을 알고 있으며, 올바른 방향으로 나아가야 한다는 것도 잘 안다. 그러나 그 길을 가기 위해서는 무엇보다 용기가 필요한 법이다. 외형과 성장주의에 집착하는 현대교회에서는 더더욱 그러하다.

상황이 이러한데도 마치 바벨탑과도 같이 거대하게 자리 잡고 있는 현대교회를 향하여 비웃기라도 하듯 강 목사님은 철저하게 기본으로 되돌아가는 목회를 하여왔다. 교회의 가장 기본 조직인 소그룹을 말씀 안에서 영적인 무장을 시키므로 상상할 수 없는 교회건강을 이루어냈다. 성도의 구성만 보더라도 기존 신자가 수평 이동한 것이 아닌 전적으로 새신자를 전도하여 등록시킨 다음 젊고 건강한 교회로 만들었다. 이를 객관적인 지표로 보여주고 있는 결과가 있다. 국제제자훈련원의 2011년 PRO-FILE 교회건강 진단에 따르면 9개 항목에서 평균 92.5의 높은 결과를 보였다. 또한, 2006년 한국교회성장연구소의 교회경쟁력 설문조사에 따르면 100-500명의 중소형교회에서 5위, 통합교단에서 2위의 결과를 보였다.

강 목사님은 그동안 우직하리만큼 목회에 전념하며 자기만의 스타일로 건강한 교회를 일구어냈다. 이 책은 하나의 이론서만이 아니다. 학문을 밑바탕으로 한 목회의 실제 체험담을 고스란히 담고 있어 마음에서 우러나오는 추천을 권하는 바이다.

채이석 목사

비전교회·총신대학교목회전문대학원교수

강정원 목사님을 여러 해 동안 제자훈련목회자네트워크(Cal-Net)를 통해 지켜본 바 있다. 얻은 결론은 신실한 동역자임을 알게 되었다는 사실이다.

강목사님께서는 목회의 숲과 나무를 동시에 보시는 이론과 현장을 접목시키는 탁월함이 있으시다. 목사님께서 여러 해 동안 고민해 온 건강한 교회와 건강한 교인을 세워가기 위한 연구의 결실이 드디어 책으로 나오게 되어 동역자의 한 사람으로서 매우 기쁘게 생각한다. 이제 건강한 목회와 성도들의 행복을 위하여 뜻을 세우고 집필한 소중한 책자가 드디어 우리의 손에 들려지게 되었다는 점이다.

목양의 골조를 세우기 원하거나 현장사역의 치열함을 함께 공유하기 원하는 동역자들은 강목사님의 오랜 경륜과 체험에서 우러나는 실제를 통하여 큰 격려와 유익을 경험할 줄 확신한다. 특히 이론을 현장의 언어로 풀어내는 지혜로움과 통찰력이 돋보인다.

성도들의 삶의 현장을 직시하는 가운데 글로 옮겨진 본서를 기쁜 마음으로 추천한다.

오정호 목사

대전새로남교회·CAL-NET 전국대표·미래목회포럼 대표

건강한 교회에는 건강한 소그룹이 있다. 이 말은 "건강한 소그룹들이 유기적으로 연결된 교회가 건강한 교회다"는 말로 해석할 수도 있다. 소그룹사역에 대한 관심은 커져 있지만 쉴새 없이 다가오는 여러 가지 목회적 요청의 파도 속에서 무엇부터 손대야 할지 어리둥절해하는 목회현장에 서 있는 분들에게 소그룹사역의 출발부터 진행과정까지 친절하게 안내하는 지도가 될 것이라 믿어 의심치 않는다.

소그룹사역 컨설팅을 해 보면 물은 많지만, 정작 마실 물이 없다는 이야기를 많이 듣는다. 자료의 홍수를 경험하고 있지만 목회현장에 꼭 필요한 소그룹 사역 설명서가 없다는 푸념으로 느껴진다.

본서는 가보지도 않고 만든 지도가 아니다. 저자 자신이 직접 걸어가면서 돌부리에 채여 넘어지기도 하고, 상처를 입을 수 있는 웅덩이도 만나고, 어떤 때는 평탄한 신작로를 기쁨으로 뛰어갔던, 직접 경험한 길을 지도로 만들었기에 그 의미와 효용이 클 수밖에 없다 하겠다. 그러므로 소그룹에 대한 뻔한 또 하나의 이론서가 아니라 자신의 소그룹 사역경험을 체계화한 실천적 임상결과보고서라는 점에서 이 책을 추천할 수밖에 없다.

이상화 목사

드림의교회·교갱협 사무총장

차 례

21세기를 살아가는 그리스도인들은 교회가 변화되기를 소망하고 있다. 그들에게 있어 교회를 향한 간절한 바람은 교회가 성경에서 말하는 교회로, 건강한 교회로 개혁되고 변화되는 것이다. 그러나 교회는 여전히 변화되지 않고 있다.

한국교회 위기의 원인 가운데 하나는 그동안 교회가 지나칠 정도로 외형적이고 양적인 성장에 집착했다는 사실이다. 외형적으로 놀라운 교회 성장을 가져온 것은 긍정적이고 좋은 일이지만 성장이 멈춘 지금은 성장 침체의 원인을 찾아내는 것과 아울러 교회의 내실화를 도모해야 한다는 것이다.

한국교회는 지난 30여 년간 교회 성장에 주력하여 외형적으로 성장하는 우리의 경제와 같이 거품 성장이었으며, 내실보다는 외형에 치우친 것이었다. 그리고 교회가 양적인 성장과 함께 질적으로 성장하여 이 사회에 영향력 있는 교회로 성장해야 한다는 데는 그 누구도 반론을 제기하지 못할 것이다. 따라서 한국교회가 건강한 성장을 이루기 위해서는 정확한 진단이 우선되어야 하며, 이에 따른 처방이 뒤

따라야 한다. 아직도 한국교회의 현상에 대해 정확한 진단과 정체성에 관한 인식이 부족하여 교회들이 장기적 침체에서 벗어나지 못하고 있다.

이제는 교회의 성장을 논하고 부흥을 논하기보다 교회의 성숙 그리고 교회 건강을 위하여 소그룹 단위의 새로운 전환이 필요하다고 보는 것이다. 만남의교회는 가정교회를 통해 건강한 교회로 자리 잡아 가고 있다.

본서는 교회마다 진행되고 있는 뻔한 소그룹을 어떻게 하면 Fun한 소그룹으로 만들지에 대한 고민에서 나온 책이다. 많은 분이 책을 내놓으면서 '졸작'이라 겸손하게 표현하지만, 나 또한 부끄러움과 감사로 이 책을 내놓는다.

빛고을 광주에서

만남의교회 강정원 목사

Design 1

하나님이 인생을 디자인하다

교회가 양적인 성장과 함께 질적으로 성장하여 이 사회에 영향력 있는 교회로 성장해야 한다는 데는 그 누구도 반론을 제기하지 못할 것이다.

한국교회 길을 잃다

한국의 개신교는 미국이 50년대에 그러했던 것처럼 1980년대까지만 해도 급성장 가도를 달려왔다. 그러던 것이 90년대 초반 성장세가 점차 쇠퇴 양상을 보이기 시작하면서 2006년 통계청에서 발표한 우리나라 '종교 인구조사' 보고서는 한국 교회에 큰 충격을 주었다. 그 통계에 의하면 현재 남한의 총인구 47,041,434명 중 24,970,766명이 종교를 갖고 있는데 그 중 불교인이 10,726,463명, 개신교인이 8,616,438명, 그리고 천주교인이 5,146,147명 등으로 나타났다.

2010년 12월 29일 인구 주택 총 조사 잠정 집계 결과에 따르면 인구는 48,219천 명으로 2005년 47,279천 명보다 2.0% 증가되었다.[1] 그러나 통계청이 행한 2006년도 '종교 인구조사'를 보면, 개신교가 불교·천주교를 포함한 대한민국 3대 종교 중에서 지난 10년간 유일하게 마이너스 성장을 보인 것으로 나타나고 있다.

2005년 11월 1일을 기준으로 하여 10년 전인 1995년도와 비교해볼 때 개신교는 1995년 876만 명으로 인구구성비에서 19.7%였는데 2005년도에 861만 1천 명으로 인구수 면에서 14만 4천 명이 줄어들어 1.6% 마이너스 성장을 한 것으로 드러났다. 이러므로 현재 개신교는 인구 구성비에서 18.3%를 차지하고 있다.[2)]

21세기를 살아가는 그리스도인들은 교회가 변화되기를 소망하고 있다. 이들이 교회를 향해 가지는 간절한 바람은 교회가 성경적인 교회로, 건강한 교회로 개혁되고 변화되는 것이다. 그러나 교회는 여전히 변화되지 않고 있다.[3)]

한국 교회 위기의 원인 가운데 하나는 그동안 교회가 지나칠 정도로 외형적이고 양적인 성장에 집착했다는 사실이다. 외형적으로 놀라운 교회 성장을 가져온 것은 긍정적이고 좋은 일이지만 성장이 멈춘 지금은 성장 침체의 원인을 찾아내는 것과 아울러 교회의 내실화를 도모해야 한다는 것이다.

한국교회는 지난 30여 년간 교회 성장에 주력하여 교회가 외형적으로 성장하는 우리의 경제와 같이 거품 성장이었으며 내실보다는 외형에 치우친 것이었다. 그리고 교회가 양적인 성장과 함께 질적으로 성장하여 이 사회에 영향력 있는 교회로 성장해야 한다는 데는 그 누구도 반론을 제기하지 못할 것이다. 따라서 한국 교회가 건강한 성장을 이루기 위해서는 정확한 진단이 우선되어야 하며, 이에 따른 처방이 뒤따라야 한다. 아직도 한국 교회의 현상에 대해 정확한 진단과 정체성에 관한 인식이 부족하므로 교회들이 장기적 침체에서 벗어나지 못하고 있는 실정이다.[4)]

제2의 종교개혁

이제는 교회의 성장을 논하고 부흥을 논하기보다 교회의 성숙 그리고 교회 건강을 위하여 소그룹 단위의 새로운 전환이 필요하다고 보는 것이다. 앞으로 교회에는 목사 못지않게 평신도가 중요한 그룹으로 등장하게 될 날이 머지 않았다. 아니 이미 평신도 사역자들이 부상하고 있다. 이제는 목사와 평신도라는 이원론적 구분 자체가 비성경적이다. 목사와 평신도는 똑같은 하나님의 백성이고 주의 종들이다. 이들을 목사, 장로, 권사, 안수집사, 집사 등의 직분으로 구분하면서 수직적인 위계질서로 이해하지 말아야 할 것이다.

또한, 교회를 공간적·시간적으로 구분하면서 교회 건물 내부에서 예배 등의 프로그램이 이루어지는 시간만을 신앙활동이라고 하는 경향을 벗어나야 할 것이다. 신앙생활이란 교회 건물 내에서만 이루어지는 활동이 아니기 때문이다. 목사는 급속히 전문화, 다양화되어가는 세상에서 모든 분야에 걸친 전문적인 사역을 할 수 없다. 정치·경제·사회·문화의 제 분야에서 하나님 나라를 이루는 사역자로서 동참하는 주체는 평신도이다. 그들이 가정과 일터에서 그리스도의 향기를 풍기는 성숙한 신앙인이 되는 것이 중요하다. 목사는 평신도가 자신의 삶의 자리인 가정과 일터에서 훌륭한 사역자가 되도록 돕는 사람일 뿐이다.

지금까지는 주로 목회자가 1인 중심의 목회를 해 왔지만, 미래 목회의 중심은 평신도와 함께하는 목회여야 할 것이다. 평신도의 목회 참여는 제2의 종교개혁이라 할 수 있다. 목회자 중심의 목회 일변도에서 평신도가 더불어 참여하는 협력목회의 장으로 변해가야 할 것이다. 평신도의 지적인 수준이 많이 향상되었고, 신학적으로도 평신도와 함께 복음 전파의 사명을 감당하는 데 있어 전혀 문제 될 것이 없기 때문이다.

미래 목회는 목회자와 평신도와의 팀워크가 성장에 중요한 열쇠가 될 전망이다. 목회자가 모든 것을 혼자 할 수는 없다. 앞으로는 일의 양이 증가하는 반면에 점점 전문화된 목회 사역을 요구하기 때문이다. 그러므로 미래 목회는 상담이면 상담, 교육이면 교육, 심방이면 심방 등의 전문성을 가진 평신도와 함께 열린 목회(팀 사역)를 해야 할 것이다.

목회자로 부르심

80년대 대 부흥의 시대를 맞이했던 한국교회는 이곳저곳에서 교회 건물을 짓고 부흥회를 열었으며, 상상을 초월할 만큼 급성장했던 좋은 추억이 있다. 그런데 30년이 훨씬 지난 지금의 한국교회는 심각할 정도로 몸살을 앓고 있으며, 곳곳에서 추락하는 모습들을 보이고 있다.

이런 현실적인 상황에서 교회 부흥을 논하고 전도에 가속도를 낸다는 것과 새 신자를 정착시켜 양육하는 일은 그 무엇보다 소중하고 우선시되는 일이다. 바로 이런 때에 목사로 부름 받고 하나님의 일을 할 수 있다는 것 자체가 행복한 일이다.

1999년 10월은 참 많이 울고 힘들었던 때로 기억된다. 7년 여 동안 몸담았던 교회에서 사임하고 교회를 개척하기로 마음먹었기 때문이다. 짧은 지면에 그동안의 일을 다 쓸 수 없을 만큼 사건도 많았고 눈물도 많이 흘렸었다. 교회에서 맡겨진 사역에 충성하면서 바쁘게 살아오다가 과로로 쓰러져 '깨어나지 못하여' 병원에 실려간 적이 있었다. 그때 아내와 자식들은 남편과 아빠를 잃어버리는 줄 알고 얼마나 마음고생을 심하게 했었는지, 그 고백을 들었던 나는 지금도 그 일을 생각하면 마음이 아프다.

그런 뼈아픈 경험이 있는 나에게 교회를 그만두고 오갈 데 없는 처지의 심정이란 큰 고통이었다. 사택을 나와 거처가 마련되지 않는 상태였기에 가족들에게 너무나 미안했고, 개인적으로는 비참함을 이루 말할 수 없었다. 그런 상황에서 개척할 곳을 알아보기 위해, 시내 곳곳을 헤매고 다니던 때를 생각하면 지금도 가슴이 저며오고 뭉클하다.

그때 많은 분들이 "목사님, 목사님은 반드시 성공하실 거에요."라고 말해주었고, "너무나 힘들었던 것만큼 보람도 클 거에요. 목사님."이라고 용기를 주었다. 그 말을 듣던 당시에는 무엇이 기준이 되어 성공이고, 보람인지 알지 못했었다. 이제 개척은 나의 생존의 문제이기도 했기 때문에 오직 죽기 살기로 마음먹고, 교회를 개척하기 위해 몸부림을 쳤던 것이 지금도 생생하다.

내가 여기서 일어나지 못하면 나의 목회는 끝난다는 각오로 심혈을 기울였던 때가 교회개척 초기였다. 지금도 그때의 초심을 잊지 않으려고 부단히 노력하고 있다. 게다가 오늘 여기까지 건강한 목회를 해오고 있으며, 사랑하는 성도들과 함께 주의 나라를 위해 일할 수 있는 것은, 오직 하나님의 은혜가 아니고서는 설명할 길이 없다.

나의 어린 시절과 목회생활

나의 어린 시절은 가난 때문에 힘들었던 추억들이 대부분이다. 바닷가에 가서 조개를 잡아오고, 논두렁 밭두렁을 오가며 농사일을 돕고 자랐다. 그리고 전깃불이 들어오지 않아 호롱불 등잔 밑에서 공부를 했고 농사일 때문에 동생을 등에 업고 돌보느라 학교 결석을 밥 먹듯 했다.

국민학교(지금의 초등학교)까지는 무려 20리 길이어서 얼마나 멀었던

지 비가 오는 날이면 우산이 없어 비에 젖은 생쥐가 되었고, 책들은 빗물에 젖을 때로 젖어서 도저히 가지고 다닐 수 없을 정도였다. 이러한 환경 속에서도 내 어린 시절과 청소년 시절을 구김살 없이 성장하도록 도와줬던 곳은 교회였다.

지금에 와서 부모님께 너무너무 감사한 것은 조상 대대로 2대째 신앙을 지켜왔다는 사실과 내가 3대째 신앙의 유산을 물려받았다는 사실이다. 조부께서는 살던 마을에 교회가 없어 20리 정도 되는 거리에 떨어진 교회를 다녔다. 그러다가 살고 계신 마을에 교회를 세워 마을 사람들과 함께 그 교회를 섬겼다. 나는 교회를 떠나 살면 큰일이 나는 줄 알았고, 무엇이든지 안되는 줄로 알았다. 그래서 늘 교회에서 생활했고, 교회학교 교사활동을 했었다. 어른이 되어서도 서리집사 생활과 교회공동체 생활을 몸으로 체험하면서 교회를 떠나지 않았다.

이렇게 교회에서 맡겨준 사역들을 감당하며 성장하던 중, 고등학교를 졸업하고 진로문제에 부딪쳤다. 경제문제로 대학교를 진학할 수가 없었다. 결국, 당시 담임선생님의 추천과 학교의 배려로 고등학교를 졸업함과 동시에 임시직으로 근무하게 되는 특혜를 입게 되었다. 그러나 나는 임시직을 떼기 위해 다른 사람보다 배나 노력하며 열심히 직장생활을 했다. 우선 주경야독을 결심했다.

낮에는 교장 선생님 이하 모든 선생님에게 인정받기 위해 일하고, 밤에는 대학공부를 목표 삼아 열심히 공부했다.

그때 내가 몸담은 학과의 학과장님이 기꺼이 추천을 해주셔서 교장 선생님이 대학교에 갈 수 있도록 승낙해 주셨다. 그 당시에 얼마나 기뻤던지 지금도 그날을 잊을 수가 없다. 그렇게 하여 나는 목포과학대학교 경영학과와 호남신학대학교 신학과를 졸업할 수 있었다. 그동안 임시직 생활에서 정식공무원으로 발령받은 기쁨을 얻게 되었다.

그 후에 나는 광주대학교 법학과에 입학하여 법학을 공부하게 되었다. 그리고 졸업을 하고 몇 년 후에는 결혼까지 하게 되었다. 오랫동안 몸담았던 평생 잊을 수 없는 나의 모교이자 고등학교에서의 공무원생활을 사임하고 본격적으로 목회하기 위해 해남으로 내려갔다. 단 한번도 가보지 않은 해남에서 단독목회가 시작되었다.

단독목회를 하면서도 가정을 책임져야 했지만, 맡겨진 목양지를 소홀히 할 수가 없었다. 또한, 하고 싶은 공부 역시 중단할 수가 없어서 장로회신학대학교 신학대학원을 진학했다. 신학대학원 생활은 매주 서울로 다녀야 했기 때문에 거리상 가장 먼 거리였다. 소위 땅끝인 해남과 서울 거리는 만만치가 않았다. 그러나 매주 서울로 오고 가면서 공부를 할 수 있다는 자체가 너무나 행복했었다.

비록 육체적으로는 가장 힘들었고 고생이 되었지만 말이다. 고속버스를 두 번 갈아 타고, 마을버스를 한번 갈아타야 했었다. 하지만 공부를 할 수 있다는 것은 행복 그 자체였다. 그렇게 공부를 마치고 목회생활에 열정을 쏟고 있는 가운데 전화 한 통을 받았다. 광주광천교회 담임목사님이 직접 전화를 하신 것이다. 부목사로 사역을 하면 어떻겠느냐는 것이었다. 목회지를 옮기는 문제를 놓고 참 고민을 많이 한 때였다. 결국, 광주로 목회지를 옮긴 이후 목사로 임직받았고 본격적으로 도시목회에 적응할 수 있었다.

허허벌판에서 소망을

만남의교회가 처음 개척된 곳은 그야말로 허허벌판과 같은 곳이었다. 당시 지역 자체가 나무와 숲으로 둘러싸인 산이었고 짐승들이 살고 있었던 사람들이 드문 곳이었다. 지역 개발에 따라 산이 깎이고 상업지구와 아파트가 들어서면서 생각지도 않았던 도시가 형성되었다. 그 당시 나는 부목사생활을 하고 있었기 때문에 청빙 받아 부임해 갈 것인지, 개척할 것인지를 결정해야 할 시점이었다. 결국, 청빙 받아 가서 목회하는 것보다 교회를 개척하여 소신 있는 목회를 하고 싶었기에 1999년 11월 27일 창립예배와 함께 개척교회가 시작되었던 것이다.

상가 2층 개척교회 모습

앞에서도 언급했지만, 교회를 개척하기 전에 가장 힘들어했던 때였다. 교회 상황은 함께 사역해 줄 성도들이 있는 것도 아니었고 성전이 있었던 것도 아니었다. 상가 2층 34평을 임대하여 개척을 시작했다. 재정적인 어려움은 말로 다할 수가 없었다. 특별히 섬겼던 교회가 교회를 신축했던 후인지라 건축 지원이나 개척 지원을 해주지 못했다. 결국, 새마을금고를 통하여 2천만을 대출받아 상가 계약금을 치르고 친인척들의 생활비 후원과 가까운 지인들의 손길을 통하여 교회를 시작하게 되었다.

역시 개척교회생활은 생존의 문제였다. 우선 생활비가 충당되지 않았기 때문에 먹을 것이 늘 부족했고, 교회 안에 사람이 없는 것이 위기로 다가왔다. 그때 다짐했던 나의 일기장의 내용은 이렇다.

개척각오 : 사생결단

개척정신 : 주님의 교회를 세워 주님께 드리자

기도제목 : 부족한 종을 통해 지역 영혼들을 구원하소서

교회상 : 하나님께 영광돌리는 교회

주님이 도와주시는 교회, 성령님이 역사하고 성령님이 함께 하는 교회

사실 교회를 개척하면서 솔직하게 말하면 살아남기 위해 몸부림쳤다. 과거 가난의 아픔을 겪은터라 그대로 주저앉을 수는 없었다. 당장 먹을 것이 없기도 하지만 반드시 성공하여 일어나고 싶었다. 그래서 정신

차리고 첫 번째로 시작한 것이 전도였고, 출타하지 않는 것이었다. 적어도 만 3년 동안은 교회 안에 머물면서 전도하고 반드시 일어서자고 스스로 다짐했었다. 두 번째로 한 일이 개척교회에 관한 책들을 사서 읽기 시작했다. 대략 10여 권 정도 사서 읽고 나름대로 백서를 썼는데 가령, 교회 이름 짓는 것부터 시작해서 교회 위치, 재정 확보 방법, 중보기도자 확보 등이었다. 세 번째로 한 것이 전국에서 성공한 개척교회들과 기존교회이지만 건강하게 성장하는 교회 10여 곳을 방문한 일이다. 그것은 교회개척에 대한 시행착오를 최대한 줄이기 위한 것과 앞으로 교회가 나아가야 할 방향성을 확실히 하고자 했던 것이다.

교회들을 견학하고 대략 10가지 정도 정리를 했다. 1) 어떻게 설교할 것인가에 대한 방향성을 정했고 2) 다양한 예배 즉 매주 색다른 예배 형태를 취한 것 3) 문화적인 예배 시도 4) 창의적인 목회 지향 5) 소그룹중심의 목회 6) 대그룹중심의 목회 7) 성찬중심의 예배 8) 전도와 새가족 양육 9) 제자훈련 목회철학 10) 가정교회 목회 등 앞으로의 교회 방향과 흐름을 잡았다.

그리고 가장 먼저 소그룹사역에 관한 여러 책을 사서 읽었다. 그것은 새가족을 교회 안에 정착시키고 양육하는 것이 대그룹으로는 잘되지 않고 소그룹 안에서만 가능했던 것을 이미 부목사생활을 통해서 해보았기 때문이다. 그래서 소그룹사역 각종 세미나에 참석하여 목회 계획을 세워나갈 수 있었다. 우선 국제제자훈련원에서 주최하는 소그룹사역컨설팅에 참여했고 한국소그룹목회연구원에서 주최하는 소그룹세미나, 교회 성장연구소에서 실시하는 소그룹리더학교를 마쳤다. 그리고 '건강한 소그룹사역'에 대한 책들을 통하여 많은 정보를 얻었다.

전국에 앞서 가고 있는 교회들을 탐방하고 세미나에 참석하며 책들을 통하여 목회 비전과 목회 방향을 잡고 나니까 경제적인 어려움은 많았지만, 부목사생활의 경험과 함께 목회방향의 틀을 잡을 수 있었다.

창립예배 날짜를 토요일로 잡고 모든 준비를 해 나갔다. 그 당시 우리가 할 수 있는 것은 오직 개척교회 창립을 위한 준비와 기도였다. 그래서 오로지 기도에 매달렸다. 그런데 기적과 같은 일이 생긴 것이다. 과거에 알고 지내던 어떤 분이 개척준비 때문에 얼마나 마음고생이 심하냐고 하시면서 무이자로 2천만을 빌려준 것이다. 물론 2년 반 만에 갚아 드렸다. 2천만 원으로 교회 종탑도 세우고, 간판도 세우며 교회 내부 정리를 많이 했다.

그리고 가장 먼저 신경을 쓴 것이 교회 주보였다. 보통 개척교회는 주보를 복사해서 사용하는 경우가 많았는데 전도 효과가 떨어질 것으로 판단하고 만남의교회 주보는 고급스럽게 올 칼라로 만들었다. 이유는 주보가 곧 교회 얼굴이라고 생각했기 때문이다. 그다음에 전도지를 올 칼라로 고급스럽게 만들었고, 또 한 가지는 차량번호 안내서를 올 칼라로 만들었다.

사실 지금도 잊을 수 없는 사건들이 많다. 전도지를 아파트에 전달하기 위해 층마다 오르내릴 때에 결코 쉬운 일이 아니었다. 몇 번이고 주저앉기를 반복하며 다리가 부은 적이 많았다. 그리고 아파트 주차장에 주차된 모든 차에 차량번호 스티커를 다 꽂았다. 이런 일을 매일 반복하다시피 했다. 이유는 딱 한 가지였다. 살아계신 하나님이 반드시 지켜보고 계시리라는 것, 그리고 반드시 사람을 교회로 보내주실 것이라는 확신이었다.

예배드릴 멤버가 없으면서도 예배시간을 과감하게 1부 8시, 2부 11시로 정하여 두 번 예배드렸다. 이유는 보통 교회들이 낮 11시 예배만 있는데, 부목사 시절에 느꼈던 것은 부득이한 일로 아침 일찍 예배를 드려야 하는 분들이 있었음을 알았기 때문에 예배를 1부와 2부로 나누었던 것이다.

잊을 수 없는 첫 예배

창립예배를 노회주관으로 드렸는데 친인척들과 주변의 선후배 목사들과 나를 아는 많은 분들이 찾아주셔서 예배를 드렸기 때문에 사람들로 인산인해를 이뤘다. 문제는 주일 첫 예배였다.

교회 창립 10주년 기념예배

1부 예배와 2부 예배로 나눠놓고 시작하려하니, 사람들이 없어 걱정이 이만저만 아니었다. 먼저 말씀을 준비하고 강단에 엎드려 하나님께 기도드리고 있는데 어떤 사람이 교회 문을 열고 들어왔다는 느낌과 소리를 들을 수 있었다. 상당히 긴장된 순간이었다. 드디어 예배시간이 되어 강단에 섰을 때 예상대로 한 사람이 의자에 앉아 있었다. 그런데 문제는 한 사람만 앉혀놓고 예배를 드린 경험이 없었기에 예배를 드려야 할지, 내려가서 대화를 나누어야 할지 순간적인 고민에 휩싸였다.

이런저런 생각을 하고 있는데 마음의 감동은 예배를 먼저 드리고 그 분 곁으로 다가가서 오시게 된 동기와 연락처를 물어야겠다는 생각이 들었다. 그래서 예배를 드리고 다가가 대화를 나눈 다음, 다음 주일에 꼭 만나기로 약속하고 돌려보냈다. 그런데 2부 예배인 11시에 그분이 다시 오셨는데 뒤를 이어 또 다른 한 분이 따라 들어오시는 게 아닌가? 순간, "아! 1부에 오셨던 그분이 전도해서 왔구나!" 생각하며 굉장히 기뻐했었다. 그러나 나중에 알고 보니까 1부에 오셨던 분은 다시 예배를 드리려고

나의 목회철학

첫째, 세상에 변화를 주고 성도들에게 평안을 안겨주는 교회
둘째, 네그룹(대그룹,중그룹,소그룹,헤드그룹)으로 균형잡는 교회
셋째, 소그룹 중심으로 평신도를 지도자로 세워서 함께 동역하는 교회

오셨고, 2부에 오셨던 분은 한 달 전부터 이 교회를 다녀야겠다고 이미 마음을 정했던 것이다. 그러니까 전도하기 시작한 날로부터 하나님은 우리 교회에 보낼 교인을 이미 정해 놨던 것을 뒤늦게 알게 되었다.

첫 예배 때 등록한 두 분은 전혀 알지 못했던 분들이지만, 지금 현재도 교회 안에서 멋있게 사역자로 훈련받고 사역하고 있다. 이날 나의 아이를 제외하고 3명의 어린이가 등록했고 어른 2명까지 합하여 5명이 등록했다. 이 첫 예배 때부터 1년 8개월 동안 매주 현장 전도를 했고, 매 주일 적게는 1명에서 많게는 17명까지 등록이 끊이지 않도록 하나님은 사람을 보내주셨다.

자나 깨나 건강한 교회

평신도들이 소신껏 활동할 수 있는 교회 구조는 무엇일까? 목회자라면 누구든지 생각하지 않을 수 없는 질문이다. 평신도와 함께 팀 사역을 이룰 수 있는 교회 구조라면 분명 건강한 교회를 만들 수 있을 것이다. 그렇다면 앞으로의 교회는 어떤 구조로 나아가야 할 것인가? 무엇보다 건강한 교회라야 한다는 것이다. 건강하지 못한 교회는 퇴보할 것이고 건강한 교회는 살아남을 것이다. 살아남을 교회, 건강한 교회는 저절로 되지 않는다. 만들어져야 하며 만들어 나가야 한다.

교회 개척 초기부터 내가 가장 신경 썼던 것 중 하나가 어떻게 건강한 교회를 만들 수 있을 것인가였다. 그때 접한 책이 '건강한 소그룹 사역 어떻게 할 것인가?'였고 이 책을 접하면서 교회가 건강하기 위해서는 어떤 유형의 교회로 나아가야 할 것인지를 고민하게 되었다. 그러던 중에 가정교회를 접하게 되었다. 가정교회를 접목하기 위해서 우선 소그룹에 관한 세미나와 소그룹에 관한 책들을 읽지 않으면 안 되었다. 그리고 이미 가정교회를 통하여 건강한 교회로 나아가고 있는 경기도 화평교회를 탐방하게 되었고, 화평교회가 매년 실시하는 '가정교회 세미나'에 두 번 참석하여 확신을 하게 되었다. 그뿐만 아니라 미국 휴스턴 서울 침례교회를 담임했던 최영기 목사가 쓴 '구역 조직을 가정교회로 바꾸라'는 책을 읽고서 가정교회라는 큰 틀을 목회의 정점으로 정리하게 되었다.

나를 밟고

미국의 웰로우크릭커뮤니티교회를 비롯해 뉴호프커뮤니티교회, 영국 런던의 물고기 교회, 그리고 싱가포르의 신앙공동체침례교회 등은 셀 그룹 목회로 괄목할 만한 성공을 거두며 세계의 주목을 받았다. 반면에 가정교회 역시 세계적으로 널리 알려졌고 큰 교회 작은 교회 할 것 없이 소그룹 목회를 찾는 형태로 나아가고 있다.

가정교회로 전환하거나 가정교회 철학으로 목회하는 경우는 어떤 이

건강한 교회의 8가지 특성

자연적 교회성장을 위해 1994년부터 1996년까지 육대주 32개 나라 1000 교회를 대상으로 조사한 결과 성장하는 교회의 8가지 질적 특성을 발견하게 되었다.[5)]

- **사역자를 세우는 지도력** – 관계 중심적, 사람 중심적, 팀 사역 중심적
- **은사 중심적 사역** – 은사를 따라 사역하면 놀랍고 대단한 일을 할 수 있고 기쁨이 넘치는 삶을 살 수 있다.
- **열정적 영성** – 한 교회의 교리와 성경 해석이 아무리 정통하다 할지라도 그 교회 성도들이 다른 사람들에게 영향을 주는 열정으로 믿음의 삶을 살고 그 믿음을 다른 사람들과 나누는 것을 배우지 않는 한, 그 교회는 성장을 기대할 수 없다.
- **기능적 조직** – 사역의 계속적인 증진을 촉진하는 조직 개발
- **영감있는 예배** – 성령과 진리가 충만한 예배로 교회 가는 것이 즐겁다.
- **전인적 소그룹** – 하나님의 임재와 능력과 목적이 있는 모임
- **필요 중심적 전도** – 전도의 은사가 있는 사람과 다른 은사를 주신 사람을 구분해야 한다. 그리고 교회 전도의 초점을 불신자들이 당면한 문제와 필요를 충족시키는 것에 맞추는 데 있다.
- **사랑의 관계** – 공식적 모임 외에 교인들이 얼마나 많은 사람과 함께 보내고 있는가? 칭찬하는 데 얼마나 너그러운가? 얼마나 웃음이 있는가? 사랑이 부족한 곳에서는 어디서나 교회가 더 성장할 수 없도록 심각한 방해를 받고 있음을 본다.

열린가정교회 현장

유일까? 그것은 가정교회가 성경에 기초한 사역이기 때문이다. 그리고 가정교회는 복음의 본질과 교회의 본질을 회복하고 가정교회에 참여하는 사람들의 삶을 변화시키는 곳이다. 그래서 많은 교회가 소그룹을 주목하는 것이고 가정교회를 주목하고 있는 것이다.

빌 도나휴는 소그룹의 목적과 방향을 결정하는 데 있어서 '소그룹이 있는 교회'(church with small groups)와 '소그룹=교회'(church is small groups), 그리고 '소그룹의 교회'(church of small groups)라는 세 가지로 구분해서 소그룹 모델을 정리해 준다.[6] 그러나 그 모델이 어떠하든지 가정교회는 분명 그 자체가 교회의 본질을 확고하게 회복시키는 현장이다. 그러기 때문에 어떤 한 가지 방식만 옳고 나머지는 틀린 것이 아니라는 점을 깊이 인식할 필요가 있다. 그 교회의 신학과 신앙 고백, 그리고 은사와 개인차 때문에 그 교회에 가장 적합한 소그룹 모델은 다를 수밖에 없음을 인정해야 한다.

가정교회 소그룹 역시 받아들이기에 거리낌이 있는 부분, 생소한 부분이 분명히 있을 것이다. 따라서 바람직한 가정교회 소그룹 사역은 교회가 가지고 있는 기존의 교리와 전통을 깨지 않은 채 분별력과 깊은 영적 통찰을 가지고 교회의 본질을 회복하는 창의적 접근을 시도할 필요가 있다.

가정교회를 섬기면서 느끼는 것 중의 하나가 바로 앞에서 밝힌 그런 것이었다. 일반 전통교회가 가정교회로 전환하기 위해서는 상당한 어려움과 난관들이 있을 거라는 생각이 든다. 그만큼 가정교회는 신약교회의 회복임을 알면서도 적용하는데 있어서는 현실적인 문제들에 부딪히고 싶지 않다는 것이다. 그러므로 가정교회는 자발성과 독립성, 그리고 유기성이라는 세 가지 특성의 조화를 제대로 이루어 내어 목회 현장에서 재창조하여 그 교회 상황과 여건에 맞는 가정교회를 기획하며 나아간다면 얼마든지 하나님이 원하시는 교회, 주님이 이 시대에 필요한 교회, 성령님이 뜨겁게 역사하는 가정교회로 세워지게 될 것이다.

만남의교회를 통해 건강한 소그룹에 대한 열정에 불을 지피며, 실수와 성공사례를 통해 건강한 가정교회를 세우는데 용기와 도전을 불러일으키길 바랄 뿐이다.

가정교회 세가지 특성

1) 자발성 2) 독립성 3) 유기성

소그룹이 있어

소그룹은 교회가 건강하게 성장할 수 있는 중요한 성경적 원리이며 방법이다. 소그룹의 목적은 다양한 인격체들인 성도 개개인의 은사와 재능을 활용하여 교회의 성장과 성도들의 신앙 성장을 견고하게 하는 데 있다. 결과적으로는 하나님 나라의 확장과 영혼 구원의 목적에 있다.

소그룹의 정의에 대하여 피셔(Aubrey Fisher)는 "감정을 나눌 수 있는 '개인들의 모임'이다"라고 정의했다. 또 말콤(Malcolm)은 "확실한 회원, 소그룹 의식, 공동의 목적의식, 요구와 충족을 위한 상호의존과 상호작용"으로 보았으며, 데이비드(David W. Johnson)는 "서로 상호작용을 하고 상호의존적이며 소속감이 있고 서로 영향을 주며 소그룹 속에서 보장을 발견하고 공동목적을 추구"하는 것이라고 했다.[7]

닐 F. 맥브라이드(Neal F. McBride)는 교회 안에서의 소그룹을 "신자 상호 간에 덕성함양과 교제를 위한 목표를 가지고 3~12명의 사람이 정규적으로 함께 만나는 자발적이며 의도적인 모임이다[8]"라고 정의하였다. 그리스도 안에서의 성령의 교제가 있는 그룹이 진정한 의미에서의 공동체[9]인 것이다. 성령의 코이노니아 기초는 그리스도 안에서 그리스도인들의 하나 됨이 가능하기 때문이다. 훌륭한 소그룹 인도자인 로베르타 헤스테네스(Roberta Hestenes)는 소그룹을 다음과 같이 정의했다.

"그리스도인의 소그룹은 정해진 시간에 3명에서 12명 정도의 그리스도인들이 그리스도 안에서의 풍성한 삶을 위한 가능성을 발견하고 성장하려는 공통의 목적을 가지고

사역훈련(남)모습

의도적으로 얼굴을 맞대고 한자리에 모인 모임이다[10]"

제프리 아놀드(Jeffrey Arnold)는 교회의 소그룹을 꿀벌 집에 비유한 적이 있다.[11] 꿀벌집의 내부를 들여다보면 수많은 작은 벌들이 이리저리 열심히 움직이면서 일하는 모습을 볼 수 있다. 어떤 벌들은 벌꿀을 만드는데 사용되는 꿀 즙과 꽃가루를 가져오고, 또 다른 벌들은 꿀단지에 꿀을 채운다. 어떤 벌 집단은 벌의 알을 품으며 태어날 때까지 배양하며 꿀벌 여왕에 붙어있는 벌들은 그 여왕을 보호하는 역할을 한다. 각각의 벌의 역할이란 생존을 위하여 필요한 만큼 서로 말다툼하거나 언쟁할 시간이 없다. 각각의 집단들이 자기의 몫을 다할 때 꿀벌 집은 강력하게 보호되고 자라날 수 있다.

현대교회의 목회도 이와 같은 것이다. 수많은 다양한 성도들이 자기의 위치에서 믿음의 분량대로 헌신할 때 교회가 온전히 세워질 수 있다. 이것을 가능케 하는 것이 바로 교회의 소그룹이다.

소그룹이 중요한 이유는, 앞으로는 바람직한 교회로 소그룹 활동이 얼마나 활발히 이루어지느냐에 달려 있기 때문이다. 교회는 사람들의 상처를 치유하고 하나님 자녀로서의 형상을 회복시켜주는 곳이어야 한다. 21세기 교회의 핵심적 과제는 치유와 회복이다. 너무도 많은 사람이 보이지 않는 상처들을 내면 깊숙이 안고 살아가고 있다. 불안, 두려움, 미움, 원망, 불평, 열등감과 죄책감 등 부정적인 내면 상태를 어떻게 하면 용납,

기쁨, 감사, 평안, 화해라는 긍정적인 자화상으로 회복시켜주느냐가 교회의 핵심능력이다. 사람들이 성경공부와 기도, 친교를 통해 인격적인 교제를 나누는 소그룹 공동체 활동이 이러한 치유와 회복을 제일 잘할 수 있는 자리다. 주일예배는 전체 교인이 만나는 축제의 자리이다. 하지만 주일 낮 예배에 한 번 나와서 개별적이고 인격적인 교제를 하기란 참으로 어렵다. 사회가 세분화, 다양화, 전문화되어 갈수록 또래 집단을 형성해 주어야 한다. 어느 교회이고 새 가족이 찾아와서 교회 내에 3~6명 이상의 동료를 갖게 되면 절대로 교회를 떠나지 않는다고 한다. 내면의 세계를 서로 털어놓고 나눌 수 있는 동료를 만들어 주는 곳이 바로 소그룹이다. 소그룹의 주된 기능은 서로 이야기하고 이야기를 들어주며 위로받고 격려해주는 나눔이다.

소그룹 운동에 성공하는 교회들의 특징은 첫째, 소그룹 모임을 활성화해 교회프로그램 및 시설에 반영한다는 점이다. 둘째, 예배 및 사역에 팀플레이를 중시하고 담임목사의 리더십도 팀워크를 존중한다는 것이다. 셋째, 평신도들의 은사를 개발, 훈련해 적재적소에 자원봉사자로 활용토록 하는 평신도 은사 배치 사역이 발달되어 있다는 점이다[12)]

소그룹이란?

모든 사람이 당신의 이름을 아는 곳이라 말할 수 있다

소그룹 사역의 현장

영성반 간증

○○○ 권사

뒤늦게 만난 만남의교회와 강정원 목사님, 그리고 성도님들에 대한 호기심과 설램이 채 가시기도 전 소그룹사역 중 하나인 영성반 31기 구성원으로서 합류하는 영광을 얻었습니다. 이곳에서 일곱 분의 소중한 성도님들을 만나게 되었고 <당신은 어떤 준비를 하며 사십니까?>라는 책자를 받아 들었을 때의 설램은 세상의 어떤 언어로도 표현할 수 없는 그것이었습니다.

한 분 한 분 돌아가며 나를 표현하고 그분에 대해 듣고 알아가는 교제의 시간이 저를 또 다른 새로움으로 흥분케 했습니다. 짧은 시간임에도 서로가 마음을 쉽게 열 수 있었고 십년지기인 양 가까워져 있음을 느끼면서 우리는 온전히 성령 안에서 하나가 되어 있었습니다.

적어도 "성도들을 데리고 있지 말아야지... 성도들이 예배 참석하는 것으로 만족하지 말아야지... 성도들을 말씀으로 잘 양육하고 성장시키고 훈련하여 하나님 나라에서 상급받게 해야지..."라는 목사님의 성도들을 향한 귀하고 참다운 사랑의 깊이를 다시금 온몸으로 느끼면서 밀려드는 파도처럼 채워지는 행복함에 멀미가 났습니다.

성전 건축과 맞물린 바쁜 시간이였음에도 성도들의 영적 회복과 어떠한 비바람에도 흔들리지 않는 뿌리 깊은 나무로 키우기 위해 열정을 쏟아내신 우리

목사님! 정말이지 바라보고 있음만으로도 저에겐 은혜였습니다.

매 과마다 '아이스브레이크'라는 시간을 할애함으로 각자 지내온 일주일이라는 시간을 서로 공유할 수 있었고 함께 웃고 울며 우리는 그리스도의 피를 나눈 참 가족이었습니다.

만날 때마다 다음 시간을 기대하고 기다리는 나른한 행복을 즐기며 하나님의 감동으로 쓰여진 성경과 진리의 영으로 오신 성령님.. 하나님이 기뻐하시는 영적 예배와 영적 생활의 문을 여는 열쇠와 같은 기도... 하나님 나라와 그곳에서 받게 될 우리들의 상급에 대해 다시금 점검하며 배워나가면서 정말 내가 이 땅에서 살아가면서 어떤 준비를 하며 살아야 하는가에 대해 심각하게 고민하고 회개하며 나 자신을 채찍하는 귀한 시간들이었습니다.

이제 또 다른 소그룹사역을 위해 더 많이 준비하고 순종하며 좀 더 수준 있는 성숙을 위해 더 낮은 자리에서 섬김을 배우고 사랑을 나누겠습니다.

사단의 공격에 개방된 과녁이 되지 않기 위해 기도하며 하나님 마음에 합하는 제자가 되겠습니다. 목사님께서 말씀하셨던 믿음을 키우기 위해 갖는 부담들을 이제는 즐기는 자가 되렵니다. 하나님 감사합니다. 목사님 감사합니다.

양육반 간증

○○○ 집사

늘 저에게 기쁨을 맛보게 하고 늘 놀라운 하나님의 은혜 충만함과 깜짝 놀랄 사역들로 매주, 매일, 매시간 양파 껍질 같이 벗겨도, 벗겨도 또 새로운 만남의 교회를 만나고서부터 '꿈에 그리던 교회'의 모습이 저에게 현실로 다가왔다는 사실이 항상 마음을 두근거리게 합니다.

그 중 하나의 놀라운 사건이 바로 소그룹사역의 하나인 양육반입니다. 양육반은 저에게 엄청난 신앙의 전환점이었습니다.

우리의 모임 중에 너무나 사랑하는 각 44기 형제, 자매님을 만나게 하시고 알게 하시며 목사님을 통한 하나님의 놀라운 말씀들을 접하였습니다. 지금까지 몇 년을 그냥 '교회 다니면서' 갈수록 죽어가는 내 신앙을 확인할 수 있었고, 하나님에 대한 사랑들을 한꺼번에 회복시키시는 하나님께 너무나, 너무나 감사했습니다. 또한, 끝까지 땀을 뻘뻘 흘리시면서 애타게 전하시던 목사님의 힘찬 입술의 찬양과 말씀들.... 그리고 우리 44기 양육반 식구들의 닭 똥 같은 눈물.... 또한, 여름날 장대비처럼 쏟아지던 억수 같은 성령의 만지심, 매시간이 감동이었고, 기쁨이었고, 설레임이었습니다.

사실 첫째 시간을 보내고는 이처럼 쏟아질 성령을 꿈에나 생각했겠습니까?

둘째 시간... 쏟아주실 은혜가 얼마나 많으신지 자꾸 일이 생겨 시간이 늦어지고 있었습니다. 하다못해 차가 고장이 나는 바람에 '에이 그냥 슬슬 지나가겠지?' 했던 마음이 "꼭 저녁에 보강 받으세요"하는 말씀을 장난 말씀으로 알았다가 누차 말씀하시는 통에 다행히 차가 빨리 고쳐지기만을 기도하고 절대 우연일 수 없는 하나님의 도우심으로 당일 오후에 있는 B반에서 보강 수업을 듣게 되었습니다.

'그렇구나! 하고 무릎을 치는 사건의 일들이 창세기 1장에서부터 이렇게 속속들이 숨겨져 있었다니. 이래서 꼭 보강들으라 하셨구나.' 어쩌면 그냥 지나칠 수도 있는 일인데도 꼭 목사님을 통해 들어야만 하는 그 중요한 말씀들을 직접 들려주시기 위해 그런 말씀을 하셨구나 하는 생각이 들면서 고마움과 감사함과 세심히 돌보시는 목사님과 목사님을 통한 성령의 역사하심을 느끼게 되었답니다.

양육반 모임에 예수님의 십자가 사건을 다루시는 목사님을 통한 하나님의 말씀시간이었습니다. 그날따라 양육반 A반과 B반 꽤 많은 부부가 모였는데도 꼭 나를 찍어 비유로 말씀하시는 것이었습니다. "봐라 내가 이만큼 널 사랑한다. 내 사랑의 실체니라" 이렇게 말씀하시는 것 같아 너무 놀란 나머지 가슴이 터져버리는 줄 알았습니다. 이어서 터져버린 눈물 콧물이... 지금도 그때 생각에 가슴이 벅차옵니다.

많은 감사가 있지만 우선 이렇게 멋진 주님의교회인 만남의교회를 만난 것과 너무나 멋진 주님의 사자인 우리 목사님을 만나게 해주신 것을 감사드립니다.

Design 2

뻔한 소그룹 가정교회로 디자인하다

앞으로 가정교회 목회는 과거에 있었던 여러 가지 목회 방법들처럼 일시적 현상으로 나타났다가 사라져 버릴 것 같지는 않다.

지금은 가정교회다

나는 이 책에서 가정교회가 건강한 교회를 만들 수 있었다는 확신을 입증하고자 하는 것이며, 가정교회가 소그룹 유형 중의 하나로써 얼마든지 건강한 교회를 꿈꾸고 있는 목회자들에게 한 가지 방법이면서 목회의 본질이라는 것을 확고히 하고자 하는 것이다.

전통적 교회가 소그룹 목회로 전환하는데 있어서는 분명 한계를 가지고 있다. 따라서 전통적 교회가 가정교회로 전환하기 위해서는 어떤 과정이 필요한지에 대해 다루었다.

점점 형식화돼 가는 구역 조직을 '교회 안의 작은 교회'인 '가정교회' 형태로 전환하여 초대교회가 보여준 가정교회를 재현하는데 그 일차적인 목적이 있다. 그동안 소그룹 운동에 대한 많은 학문적 연구가 있었고,

또한 목회 현장에 접목하기 위한 몸부림이 있었다. 그러나 빈번히 교회 내적으로 접목 과정에서 부딪쳐 교회 분란이 일어났으며 중도에 포기한 채 일반목회로 전환하는 사례들이 있었다. 이것은 대부분 소그룹에 관한 연구가 이론적 측면에서 연구되었던 결과이기도 하고 목회 접목 과정에서 잘 못한 결과이기도 하다.

소그룹 목회 전환은 하루아침에 이루어지는 것이 아니다. 특히 일반 전통교회에서 소그룹 목회로 전환하려면 뼈아픈 아픔과 과정이 필요할 때도 있으며 목회자가 수고를 아끼지 않는 희생과 열정이 필요한 것이다.

나는 소그룹에 관한 오랜 연구 활동과 학술지에 기고하며 전문적으로 연구하며 강의했던 내용과 소그룹에 관한 전문가들의 저술들을 통하여 소그룹에 대한 이론들을 성경적이고 신학적인 태도에서 밝히려고 하는 것이다. 그리고 소그룹과 소그룹 유형 중의 하나인 가정교회를 집중적으로 살펴봄으로써 소그룹 목회로 전환하기 위한 목회자나 가정교회를 꿈꾸고 있는 목회자들에게 새로운 소망과 비전을 갖게 하고자 한다.

앞으로도 가정교회 목회는 과거에 있었던 여러 가지 목회 방법들처럼 일시적 현상으로 나타났다가 사라져 버릴 것 같지는 않다. 이는 가정교회 목회가 어떤 '성공적인' 한 사람의 목회자에 의해 개발된 목회 기술이나, 교회 성장을 담보로 하는 프로그램으로 개발된 목회 상품이 아니기 때문이다.

가정교회 목회를 주장하는 이들은 지금까지 추구해 왔던 전통적 목회가 가지고 있는 근본적인 문제점들을 지적하면서 기독교의 뿌리인 성경에서 가정교회 목회의 원리를 찾고 있다.[1] 그러므로 가정교회 목회는 출발부터 시대적인 현상이나 지역적인 상황을 고려하여 고안된 작품이 아니다. 가정교회 목회의 교본은 성경이다. 특별히 소그룹 유형 가운데 하나인 가정교회를 성경적으로 신학적으로 다루면서 가정교회가 얼마나 성경적이고 본질적인가를 밝히고자 한다.

소그룹 유형으로서의 가정교회를 통하여 과연 건강한 교회를 만들 수 있는지에 대한 실제적인 가정교회 목회 현장 경험을 중심으로 제시하고자 한다. 그리고 교회 사이즈와 상관없이 건강한 교회를 세우고자 하는 목회자들이나 교회에서 가정교회로 전환할 때에 도움이 되는 내용을 많이 실으려고 했다. 나아가 가정교회 소그룹을 운영하려고 할 때 필요한 과정과 절차들을 구체적으로 제시할 것이며 소그룹 가정교회를 통하여 교회 사이즈가 크든지 작든지 건강하게 세워질 수 있다는 것을 입증해 보려 할 것이다.

상) 나들목 가정교회 모습
하) 영성반 47기 수업장면

집에서 하는 교회?

소그룹은 의도적인 모임이다. 얼굴과 얼굴을 맞대고 모이는 모임이며, 3명에서 12명이 모이는 모임이다. 그리고 정해진 시간에 동일한 목적을 가지고 모이는 모임이며, 발견을 위한 모임이다. 마지막으로 성장을 위한 모임이다. 소그룹이란 한 마디로 말해서 모든 사람이 당신의 이름을 아는 곳이라고 말할 수 있다.[2)]

소그룹은 기성교회의 산하 기관이나 혹은 선교 단체 등의 지엽적인 말이라 할 수 있다. 그러나 이에 반해서 가정교회는 교회 산하에 있는 한 기관의 역할을 하는 것이 아니라, 지역교회의 역할을 다 한다.[3)]

가정교회는 초대교회의 빌립이나 스데반과 같은 평신도 사역자들이 자기들의 삶의 현장에서 섬기는 초대교회의 모델이다. 가정교회는 가정을 중심으로 모이며, 서로 간에 삶을 나누며, 서로 간의 돌봄이 있는 곳이다. 더 나아가서 가정교회는 예배, 교육, 친교, 전도, 선교 등 교회가 해야 할 모든 사역을 포괄적으로 다하는 곳이다.[4)]

가정교회는 특수한 계층만을 위한 모임이 아니다. 소그룹이 같은 또래나 같은 배경, 혹은 관심도에 따라 모이는데 반하여, 가정교회는 가정 전체를 포함하며 가정의 어른들과 자녀들까지를 전부 포함한다. 즉 가정교회는 특수한 계층만을 위한 모임이 아니라 완전한 지역교회이다. 따라서 가정교회를 단순히 "교회 건물에서 드리는 예배의 축소판"[5]으로 보아서는 안 된다.

현재 가정교회 사역을 하고 있는 화평교회 최상태 목사는 가정교회를 기존의 소그룹과는 다른 특징을 여섯 가지로 말하고 있다. 첫째, 가정교회는 작은 교회로써 교회의 총체적 기능을 다하게 한다. 둘째, 평신도가 목회하게 하는 사역이다. 셋째, 믿지 않는 자들에게 최대 역점을 두는 사역이다. 넷째, 성경공부 중심보다는 삶을 깊게 나누는 것을 중요시 한다. 다섯째, 지역 중심보다는 관계중심이다. 여섯째, 재생산을 강조한다.[6]

그는 가정교회의 첫 번째 특징을 일반교회가 하는 기능을 총체적으로 감당하는 작은 교회라고 정의하며 이렇게 말한다.

> 초대 가정교회 최초의 모습이 사도행전 2:42-47에 나타나 있다. 그들은 가정에 모여 식사하고 찬양하며 삶을 나누고 유무상통하며 사도의 가르침을 받으며 나아갈 때 주께서 구원 받는 백성의 수를 더하게 하셨다. 이 사역을 그대로 하는 것이 가정교회이다.[7]

가정교회를 주제로 논문을 쓴 박승로 목사는 대부분의 소그룹 모임이 장소적으로 교회 안에서 활동한다면 가정교회는 교회 밖에서 활동한다는 차이점이 있다. 그리고 가정교회는 다른 소그룹과는 달리 교회로서의 기능을 갖고 있기에 교회의 총체적 기능뿐만 아니라 소그룹이 갖는 여러

가지 장점들을 그대로 가지고 있는 것이 특징이라 할 수 있다.[8)]

미국 휴스턴침례교회를 담임하셨던 최영기 목사는 가정교회를 이렇게 말한다.

> 가정교회는 구역이 아니다. 가정교회는 같은 지역에 관계없이 관계성을 토대로 묶은 것이며 친교 쪽에 중점을 두지 않고 교회의 총체적인 기능을 다한다. 또한 가정교회는 순모임도 아니며 장년 주일학교도 아니다. 그리고 기도모임은 더더욱 아니다. 가정교회는 구역, 장년주일학교, 순 모임, 기도회의 주 기능을 포괄적으로 다하면서 지역교회의 기능까지 완전히 해내는 교회이다.[9)]

가정교회는 교회 산하에 있는 한 기관의 역할을 하는 것이 아니라, 지역교회의 역할을 다 한다.[10)] 가정교회는 초대교회의 빌립이나 스데반과 같은 평신도 사역자들이 자기들의 삶의 현장에서 섬기는 초대교회의 모델이다. 가정교회는 가정을 중심으로 모이며, 서로 간에 삶을 나누며, 서로간의 돌봄이 있는 곳이다. 더 나아가서 가정교회는 예배, 교육, 친교, 전도, 선교 등 교회가 해야 할 모든 사역을 포괄적으로 다하는 곳이다.[11)]

나는 가정교회를 이렇게 정의하여 가정교회 성경공부 자료와 새가족 정착 교재에 명시하고 있다.

가정교회란?

훈련받은 평신도 지도자의 리더와 섬김하에 가정집에서 5~12명이 매주 한번씩 모여 교회의 본질적 기능인 예배, 기도, 나눔, 선교, 친교 등을 나누면서 서로 섬기는 소그룹 공동체를 말한다.[12)]

그리고 웨스트민스터신학대학원대학교에서 소그룹 목회학을 가르치고 있는 권문상 교수는 왜 가정교회인가에 대하여 이렇게 말한다.

신약에 나타난 가정교회들이 하나님이 바라시는 공동체적인 삶, 혹은 공동체적인 교회를 가장 잘 제시해 주기 때문이다. 초대교회 공동체는 인격적 동등성을 전제한 유기적인 지체 의식을 갖게 함으로써 상호의존적 존재로 만들었다. 그것은 바울의 '몸'비유에서 잘 나타나는데 머리는 오직 그리스도일 뿐 나머지 신체는 지배적 위계 구조가 아닌 평등 구조이면서 상호 의존적이다. 이러한 공동체적 교회가 신약에 나타난 가정교회였다.[13)]

다양한 이름?

소그룹으로 모이는 가정교회에 대한 이름은 다양하게 칭해지고 있다. 셀 교회(cell church), 셀 그룹 교회(cell group church), 가정교회(home church), 가정교회(house church) 등이 그것이다. 먼저 셀 교회에서 셀(cell)이라 부르는 이유는 생물학적인 개념에서 비롯되었다. 모든 생물체는 세포조직에 그 기초를 두고 있고 그 특징은 세포가 생명력이 넘치는 상태로 움직이며, 가장 중요한 특징은 재생산하고 배가 할 수 있는 능력을 지니고 있다는 것이다.

이러한 세포의 특징을 교회 개념에 도입한 것이 셀 교회인 것이다.[14] 호주의 가정교회 전문 사역자인 로버트 뱅크스는 "가정교회(home church)[15]"라 부르고 있는데, 그가 말하는 가정교회는 미혼자, 기혼자 그리고 그들의 자녀들을 포함하는 일종의 확대된 그리스도인 가족을 의미한다. 이 모임을 집이나 '집처럼' 편안하게 느끼는 곳에서 모이고 있다. 이와 같은 다양한 이름이 있지만 공통적인 것은 소그룹의 의미와 생물학적 세포가 가지는 배가와 번식, 재생산의 의미를 내포하고 있다는 것이다.

가정교회는 일반적으로 모임을 주중에 한 번 성도의 가정에서 가진다. 명칭을 가정교회라고 부르는 단순한 이유는 주로 그 모임의 장소가 각 성도의 가정이기 때문이다. 휴스턴 서울 침례교회를 담임하여 가정교회 사역을 활발하게 하셨고 지금은 은퇴하신 최영기 목사는 가정교회를 '가정교회'라 부르는 이유를 '가정에서 모이기 때문에'라고 말하고 있다.[16]

가장 총무 가정교회 전략 세미나

하지만 가정이라는 장소 자체가 중요한 것은 아니다. 가정에서 소그룹으로 모일 때 갖게 되는 그 역동적 기능이 중요한 것이다.

로버트 뱅크스는 가정교회를 이해하는 도움이 될 만한 진술을 이렇게 하고 있다.

> 가정교회로 모이는 것은 그리스도 안에서 공동체적 삶을 개발하기로 헌신한 성인들과 그 자녀들이 얼굴을 맞대고 만나는 것이다. 그들은 집, 아파트, 기타 장소에 매주 모인다. 그러나 모임 장소보다 더 중요한 것은 서로에 대한 보살핌과 책임감이다. 확장된 그리스도인 가족으로서 그들은 함께 찬양하고 기도하고 배우고 서로 나누고 사랑하고 놀며 식사(그들은 이것을 주의 만찬으로 생각한다)하기를 바란다. 그들은 서로에 대한 상호적인 사역을 통해 하나님이 그들에게 부여하신 은사를 확인하고 사용하는 것을 배운다. 따라서 그들은 가정에서, 이웃 사이에서 직장에서, 더 넓은 지역 사회에서 다양한 개별적 사역을 통해 선교에 참여하는데 더 확신을 가지게 된다. 그들은 자신들을 교회로 보며 또한 하나님의 백성의 더 큰 그룹과 정기적인 모임을 가지는 것의 중요성을 인식하고 있다.[17)]

가정교회에는 크게 두 가지 유형이 있다. 첫 번째는 완전히 '작은 교회 운동'으로서 지역교회에서 분리되어 작은 교회를 선호하는 독립된 가정교회이다. 이는 완전한 교회 형태를 가지고 있으며 기존 교회에서 할 수 있는 모든 것을 다 행하게 된다.[18)]

독립적 의미의 가정교회에 대해서 김연택 박사는 그것은 보통 어떤 교파에도 속하지 않은 채 모임을 갖고 사역하는 교회이며 가정교회의 지도자는 대개 평신도 지도자이고 어떤 경우에는 세상 직업을 가진 목사가 지도자로 있기도 한다고 말한다.[19)]

두 번째는 '교회 안의 작은 교회'로서 구역과 같으면서 그 특성을 조금 달리하는 가정교회 유형이다. 이 가정교회는 기존의 교회에서 떨어져 나와 완전히 독립된 가정교회를 이루는 것이 아니라 기존의 교회를 성장 발전시키기 위한 살아 있는 하나의 교회 내 세포(cell)로서의 기능을 다하는 것이다. 그래서 소그룹 운동의 이론과 구역 제도와 무관하지 않은 형태를 가지고 있으며, 다만 그 특성상 초대교회 가정교회의 기능적인 장점들을 강조한다는 차이점이다.[20)]

로버트 뱅크스는 가정교회를 가정교회(home church)와 가정교회에 기반을 둔 교회(home-church-based congregation)의 두 가지 유형으로 구분하고 있다.

첫째는, 가정교회(home church)는 그 구성원이 미혼자나 기혼자, 그들의 자녀들을 포함하는 일종의 확대된 가족이며 정기적으로 모임을 갖는데 집처럼 편안하게 느끼는 곳에서 모이고, 지도자는 전문 사역자가 아닌 평신도가 대부분 지도자가 되는 교회를 말한다.

둘째로 가정교회에 기반을 둔 교회(home-church-based congregation)는 '가정교회군(群)' 또는 '연합 모임' 등으로도 지칭할 수 있다. 이것은 주로 가정교회들로 이루어진 지역교회를 의미한다. 가정교회에 기반을 둔 교회는 다시 두 가지 형태로 구분된다. 하나는, 구성원이 모임의 모든 사람을 어느 정도는 서로 알 수 있을 정도로 작은 규모인 가정교회들의 모임이거나 또 하나는, 소그룹과 조직을 가정교회 형태로 탈바꿈시킨 전통적인 교회이다.[21)]

이 책에서 가정교회는 '교회 안의 교회' 구조를 가진 교회, 소그룹과 조직을 가정교회 형태로 탈바꿈시킨 전통적인 교회, 가정교회들로 이루어진 지역교회를 의미한다. 왜냐하면 가정교회가 교회의 총체적 기능을 감당한다고 해서 기존 교회의 조직과 형태를 무시하는 것이 아니라 유기체적 관계를 가지고 그 안에서 교회의 총체적 역할과 기능을 감당하는 것이기 때문이다. 또한, 큰 교회 내에 작은 가정교회들이 존재하는 구조의 교회를 말하기 때문이다.

빌 벡헴의 표현을 빌리자면 가정교회는 대그룹 교회 내의 소그룹 교회가 존재하는 '두 날개를 가진 교회'이다.[22)]

이러한 형태의 가정교회는 하나의 온전한 교회로서 기존 교회가 수행하는 총체적 기능을 다하는 소그룹 형태의 교회이다. 그렇다고 해서 이것은 지역교회와 준비된 구조가 아니라 지역교회와 유기적 관계를 갖는 대그룹의 지역교회 내에 여러 개의 소그룹 가정교회로의 존재하는 이중적 구조로 되어있는 교회이다.

여기서 우리는 로버트 뱅크스가 주장한 가정교회와 빌 벡햄이 주장하는 가정교회의 차이를 살펴보려고 한다. 우선 로버트 뱅크스는 가정교회에서 서로 삶을 나누고 공동체적 삶을 나누면서 떡을 떼며 식사를 하는데 이것을 주의 만찬으로 생각한다.

그러나 나는 로버트 뱅크스의 주장과 다르다. 가정교회에서 나누는 떡과 식사는 주의 만찬이 아니라 말 그대로 음식을 서로 나누며 교제하는 공동체를 말한다. 만약 가정교회에서 행해지는 식사가 주의 만찬이라면 평신도 리더자가 집례하는 경우가 되는데 이것은 타당하게 볼 수 없다. 그리고 대그룹인 예배 시간을 통해서 기름부음 받는 목회자가 얼마든지 성찬을 행할 수 있다고 보기 때문이다.

세 가지 축?

한국교회가 실시해 온 구역모임은 성경공부와 친교 중심의 모임이었다. 그러나 전인적 소그룹인 가정교회는 찬양과 말씀과 기도와 나눔, 그리고 헌금과 선교와 교제가 있는 그 자체로써 하나의 교회이다.

현재 만남의교회 전인적인 소그룹 사역인 가정교회는 다음과 같은 세 가지 축을 기둥으로 하고 있다.

■ 소그룹 중심

"날마다 마음을 같이 하여 성전에 모이기를 힘쓰고 집에서 떡을 떼며 기쁨과 순전한 마음으로 음식을 먹고 하나님을 찬미하며 또 온 백성에게 칭송을 받으니 주께서 구원받는 사람을 날마다 더하게 하시니라"(행 2:46-47; 눅 6:12-19)

말씀에서 보듯이 소그룹 환경에서만 자연스럽고 깊이 있는 대화, 그리고 솔직한 교제가 가능하다. 또한, 그러한 교제가 이루어져야 관계중심의 건강한 예수 공동체를 세워나갈 수 있다. 그러한 관계중심의 예수 공동체 안에서라야 자신의 깊은 상처와 내면의 아픔까지도 내어 보일 수 있으며 그렇게 드러내놓고 하나님께 구할 때에야 비로소 우리 안에 있는 상처가 치유되고 회복될 수 있다.

■ 평신도 신학

사도바울은 교회에 목회자를 주신 이유를 이렇게 소개하고 있다.

"그가 혹은 사도로, 혹은 선지자로, 혹은 복음 전하는 자로, 혹은 목사와 교사로 주셨으니 이는 성도를 온전케 하여 봉사의 일을 하게 하며 그리스도의 몸을 세우려 하심이라"(엡 4:11-12)

[한영혼 구원잔치] 구원초청 장면

목회자는 성도를 온전케 하여 봉사의 일을 하게 해야 한다. 그래야 주님의 피 값으로 세워진 교회가 건강하게 세워질 수 있기 때문이다. 나는 평신도 개개인을 훈련하여 그들로 하여금 봉사의 일을 하게 하고 있는데 그 일이 바로 가정교회 사역이다.

가정교회는 훈련된 평신도들이 소속된 소그룹원들을 섬기면서 봉사하고 있다. 따라서 가정교회는 평신도 리더가 없이는 불가능하다. 결국, 평신도들을 훈련하여 세워야 할 분명한 목적이 있기에 가정교회에는 평신도 신학이 절대적으로 있어야 하고 그것이 가정교회의 한 축이 되어야 한다.

이제 21세기 다원화된 사회에서 교회는 예수 그리스도로부터 위임받은 하나님 나라의 사역을 실현하기 위하여 평신도 운동의 중요성을 인식해야 한다. 그것은 성직자 중심의 제도적 교회를 올바른 교회로 만드는 새로운 종교개혁이며, 그것을 통해서 교회의 참된 본질로 돌아가는 교회 회복 운동이다.

따라서 교회는 전통적인 교회론을 통해서 신학적으로 정당화되어 온 성직주의, 곧 성직자와 평신도의 신분적 구분을 폐지하고 모두가 예수 그리스도 안에서 하나님의 백성이라는 인식을 해야 한다. 목회자와 평신도는 예수 그리스도 안에서 부름 받은 하나님의 백성으로서 하나님 나라의 사역을 위해 선택받은 하나님의 백성이며 서로 협력하는 동역자임을 인식해야 한다.

교회 사역의 주체는 성도들이다. 그렇다면 교역자가 해야 할 일은 무엇인가? 그것은 성도들로 하여금 사역을 잘할 수 있도록 훈련하여 준비시키는 것이다. 평신도가 사역의 주체라는 것을 성경은 증거하고 있다. 가정교회 사역자는 평신도 지도자들이다. 가정교회는 철저한 평신도 신학에 근거를 둔 것으로 평신도 중심의 교회 구조를 만들어 가는 것이 가정교회다.

■ 제자훈련

사역은 항상 훈련된 사역자가 필요하다. 사람이 제대로 준비되지 않으면 어떤 사역도 열매를 기대할 수 없다. 가정교회 사역의 핵은 바로 가정교회의 지도자인데 가정교회의 지도자로 세우는 과정이 바로 제자훈련이다.

예수님은 온 세상을 구원하시기 위한 마스터플랜을 세우시고 그것을 이루어 가시기 위해 3년 동안 12명의 제자를 훈련하셨던 것처럼, 사람을 세우는 가장 탁월한 방법 가운데 하나가 제자훈련이다.

이 제자훈련을 통해 평신도 지도자가 바로 세워질 때 열매 맺는 가정교회 사역을 기대할 수 있다.[23] 이를 위해 만남의교회는 끊임없이 헌신자를 발굴하여 제자훈련하는 것과 평신도 지도자로 세움 받은 분들을 멘토링하여 주님이 귀히 쓰시는 일꾼으로 세워가고 있다. 제자훈련은 의식변화, 체질변화에 초점을 두고 실행하고 있다.

근거가 있는가?

가정교회는 교회의 프로그램에 속한 성격의 것이 아니다. 교회의 본질 가운데 하나요 성경에 그 근거를 가지고 있기 때문이다. 따라서 구약에서 말하고 있는 교회를 살펴보는 것은 매우 중요하다. 교회가 무엇인지를 정의하지 않은 채 가정교회를 논할 수 없다. 그러므로 교회에 대한 정의를 구약에서 살펴보고 신약에서는 구체적으로 가정교회를 고찰해 보려고 한다.

신약의 가정교회는 먼저 복음서에 나타나고 있는데 예수님과 하나님과의 관계와 제자들과의 관계를 통해서도 발견할 수 있으며 사도행전에 가서는 더 구체적으로 가정교회란 용어가 사용되고 있다. 따라서 가정교회는 이와 같이 성경적인 근거를 가지고 있다. 그리고 바울이 말하는 가정교회 역시 바울 서신을 통해서 고찰해 볼 수 있다.

■ 구약의 교회

성서 안에서 가정 중심의 믿음 공동체를 찾아보는 일은 그다지 어려운 일이 아니다. 그러나 '교회'라는 용어가 과연 구약성서 안에 존재하는가? 하는 것은 살펴야 한다. 구약성서에서 교회라는 낱말에 해당하는 용어는 '카할'과 '에다'가 있다.

먼저 '카할'이란 말의 원래 뜻은 '부른다'라는 말에서 만들어진 것으로 '의논하기 위하여 소집된 공동체'라는 뜻이다. 시내산 기슭에서 모세가 전달해 하나님의 율법을 듣기 위하여 모인 그 모임이 곧 '카할'이다. 구약에서는 '회중'이라고 번역하여 사용하고 있다. 회중들은 하나님의 말씀을 경청하기 위하여 모였을 뿐만 아니라 하나님을 예배하기 위해서 모였으며, 하나님과 계약된 백성으로서 여호와 하나님이 자신의 하나님으로 인식하게 된다.

'카할'과 '에다'는 70인 역의 처음 부분에서는 다 같이 공회를 의미하는 말로 번역되었으나, 나중 부분에 있어서는 '카할'은 '에클레시아'라는 말로 번역된 반면 '에다'는 '쉬나고게'라는 말로 번역되면서 신약성서에서 다르게 사용될 길을 터놓았다.[24)]

이와 같이 '카할'은 이스라엘인의 모임을, '쉬나고게'는 모이는 장소를 더욱 강하게 의미했다. 그러나 구약의 '카할'이라는 용어가 처음부터 종교적 공동체를 부르기 위해 사용된 것은 아니다. 생활 경험 이후 국가가 파멸되고 또 많은 유대인들이 다른 나라에 정착하여 디아스포라를 형성하면서 히브리 용어인 '카할'이 종교적 의미를 얻게 되었고 특별히 예배를 드리거나 율법을 듣기 위해 모인 유대인의 성회를 가리키는 말로 사용되었다.[25)] 그러므로 구약성서의 교회관(카할)은 이 지상에 신적 공동체를 건설하려는 데 있었다.

기독교 신학의 해석에 따르면 지상에 실현될 신적 공동체는 예수 그리스도에 의해서 형성된 교회로 변형되어 현재 지상에서 종말론적 공동체로서 성장하고 있다고 보는 것이다. 이렇게 볼 때 교회를 단지 신약성서 신학에서만 논할 것이 아니라 구약성서 신학과 함께 논해야 할 것이다. 구약에서의 이스라엘과 '카할'과 '남은 자'는 신약성서시대와 교회시대에 있어서는 '새 이스라엘'이 되고 '에클레시아'가 되고 성도가 된다. 이러한 내적인 신학적 연결성을 간과해서는 안 되는 것이다.

가정교회는 성경적 교회이다. 비록 구약에서는 가정교회라는 말이 직접 언급되지는 않고 있지만 신앙생활의 초기 형태가 가정 중심의 믿음 공동체라는 사실을 찾기는 어렵지 않다. 헨리 디이슨(Henry C. Thiessen)은 그의 저서 「조직신학강론」에서 최초의 믿음 공동체의 출발이 가정 중심이었다는 것을 다음과 같이 언급한다.

> 성경의 최초 설명에 보아도 조직화된 종교 생활이 있었다는 증거는 찾아볼 수 없다. 아마도 조직적인 종교 생활에 가장 가까운 것이라면 가정이었을 것이다. 이 가정 속에는 자녀, 손자 때로는 증손자까지 포함하기도 했다. 이 때 아버지는 하나님을 예배하는 데에 제사장과 인도자로서의 역할을 해냈다. 아담과 그의 가족(창 4:25-26)과 노아와 그의 가족(창 6:18, 7:1, 5-6, 8:15, 16, 20, 9:1, 8)이다. 아마도 욥의 이야기는 아브라함 시대나, 그보다 조금 뒤에 속한 것인지는 모르지만, 그것 역시 조직화된 가정 형태를 설명하고 있다[26](욥 1장, 42:16).

하나님의 사람들은 처음에 그들의 가정에서 그리고 큰 모임에서 함께 예배를 드렸다. 가정(신 8:10-18)은 모든 남자아이에게 할례를 주고(창 17:10) 젊은이들에게 유대교 신앙을 가르치고(신 4:5-14) 유월절을 기념하는(출 12:11) 환경을 제공했다.

안식일에는 확장된 가족과 함께 보냈다. 하나님을 공경하고 복종할 책임은 부모에게 주어졌다. 다시 말하자면, 그들은 가족의 '제사장' 역할을 하였던 것이다.[27]

유대인들은 고대 세계에서 전역에 흩어져 살았기 때문에 회당 모임은 주요한 큰 모임이 되었다. 회당 모임은 원래 사람들의 집에서 모였다. 그래서 회당 모임을 독립된 건물로 옮기면서도 건물들은 집과 비슷한 모양으로 지었고 방문자들이 유숙할 수 있는 시설도 겸비하였던 것이다.

■ 신약의 가정교회

신약에서 교회라는 말은 '에클레시아'라 하는데 이 단어는 히브리어 '카할'을 번역한 것이다. 구약성서에서는 하나님이 선택하셨고 그들과 계약을 맺은 '하나님의 백성'을 야훼의 카할이라 칭한다. '에클레시아'가 신약에 115번 나오는데 세 번은 '회중'으로 번역되었고 112번은 '교회'로 번역되었다.

이 에클레시아를 모두 분석해 보면, 세 가지 범주로 나눌 수 있는데

첫째는, 예수 그리스도의 우주적인 교회요

둘째는, 도시의 이름과 동일시한 교회

셋째는, 가정에 있는 교회이다.[28] 그러므로 교회는 신자들의 가정에서 모이는 예배의 모임이기도 하고, 한 지역에 사는 사람들의 예배 모임이기도 하며, 여러 지역의 신자들의 모임이기도 한 것이다.

여기서는 세 번째 해당하는 가정에 있는 교회를 살펴보고자 한다. 먼저 왜 '가정'인지는 교회가 가정에서 이루어지는 모임을 일컫는데 사용되었음을 주목하면 쉽게 이해할 수 있다(행 18:7-8, 20:8). 교회란 오늘날처럼 집회할 때 모이는 건물이 아닌 사람들이 '사는 집', 곧 가정이었던 것이다. 거기서 사도들이 가르쳤고, 기도했으며, 성도들이 교제를 나누었다. 교회는 베드로를 위해 기도한 마가의 어머니 마리아의 집이었으며(행12:12), 사도들이 가르친 가정집이었다(행 2:42, 20:20). 바울은 스데바나의 집이 아가야의 첫 열매라고 하면서 교회적 성격을 부여했고(고전 16:15), 브리스가와 아굴라 집에 모이는 교회를 문안하라고 하면서 가정이 곧 교회임을 말했다(롬 16:3-5). "네 집에 있는 교회에게…"에서도 빌레몬서 가정교회를 찾을 수 있다.[29]

- 복음서에 나타난 가정교회

신약에서는 가정교회의 모습을 보다 분명히 찾아볼 수 있다.

가장 총무 전도파송

복음서에서 비록 예수님이 교회의 총체적 기능을 다하는 가정교회를 세우거나 그것에 대해 구체적 언급은 하시지 않았다. 하지만 소그룹 형태로 집에서 모이고, 가족의 의미를 담고 있는 가정교회는 예수님의 하나님과의 관계와 제자들과의 관계를 통해서도 발견할 수 있다. 그분의 사역을 살펴볼 때 '가정'을 사역의 중요한 장(場)으로 삼으신 것은 분명히 알 수 있다.

예수님은 하나님과 그 백성(예수님은 하나님을 아바 즉 '아버지'라 부르셨다) 그리고 예수님과 제자들(그분이 '혈육'이라고 말씀하셨던)간의 관계가 지닌 가족적인 특성을 새롭게 강조하셨다. 이것을 표현하는 구절들이 많이 있지만, 특별히 세 군데가 두드러진다. 하나는 사역의 초기에(막 3:31-34), 하나는 중기에(막 10:29-30), 하나는 말기에(요 19:25-27) 하신 말씀이다. 이러한 구절들에서 예수님은 제자들 그룹의 가족적인 특성을 확언하시며 이것을 그들의 사명과 관련시키신다. 그러므로 예수님이 설교와 치유를 위해서뿐만 아니라(막 2:1-12) 제자들을 가르치기 위해(막 3:20, 7:17, 9:28, 33, 10:10) 그리고 식사를 위해(막 3:20, 14:12-21, 2:19) 집에서 제자들과 모이셨던 것도 놀랄 일은 아니다.[30)]

예수님은 회당, 성전, 야외 등에서 가르치시고 설교하셨을지라도 사역의 많은 부분을 개인의 집안에서 하는 것을 더 좋아하셨다. 삭개오의 경우와 같이 이런 가정에서의 만남은 그 권속이 전부 하나님을 믿게 되었다(눅 19:5). 그리고 마태복음 13:36에서처럼 가르침과 설명을 위하여 가정을 자주 사용하셨다. 즉 "이에 예수께서 무리를 떠나사 집에 들어가시니 제자들이 나아와 가로되 밭의 가라지의 비유를 우리에게 설명하여 주소서"라고 한 부분이 이곳이다. 예수님의 치유하는 사역도 역시 네 사람의 중풍병자의 누운 상을 지붕을 뚫고 달아 내린 것을 보는 것처럼 종종 가정에서 이루어졌다.[31)]

이에 더하여 예수께서 열 두 제자들을 보내어 복음을 전하고, 병자를 고치고, 죽은 자를 살리며 귀신을 쫓아내도록 임무를 맡기셨다(마 10:8). 그때에 아무 성이나 촌에서 '집에 들어가면'이라고 말한 부분에서 개인의 집이 제자들의 사역의 초점이었다는 것을 암시하고 있다(마 10:12). 이와 비슷하게 제자들에게 "어느 집에 들어가든지 먼저 말하되 이 집이 평안할지어다 하라"고 말씀하신 것에서도 이러한 것을 찾아볼 수 있다(눅 10:5).[32)]

- 사도행전에 나타난 가정교회

사실 가정교회는 바울에게서 시작한 것이 아니라 바울 이전에도 이미 존재해 있었다. 즉 교회의 첫 산실이 가정교회이다. 예수님께서도 마지막 만찬을 잡수시고 오순절에 성령이 임하신 곳이 바로 마가의 다락방이기 때문이다(행 1:13, 12:12; 막 14:15). 초대교회도 집에서 모여서 떡을 떼며 하나님을 찬송하였다(행 2:46). 베드로도 이방인에게 처음 복음을 전할 때 고넬료의 가정에서 교회를 시작하였다(행 11:14, 참조. 10:2-11:14). 가이사랴에서도 빌립의 집이 가정교회였다(행 21:8). 에베소에 여러 집에서 예배를 드렸고(행 20:20), 드로아에서도 가정에서(20:7-11), 예루살렘에서도 나손의 집(21:16-17)이 있었다.[33]

예수님이 죽으시고 부활하신 후에, 제자들이 다락방에서 다시 모였을 때 성령이 제자들 위에 부어졌다(행 1:12). 베드로는 군중에게 설교를 했고 많은 사람이 회심했다. 즉시 모든 믿는 자가 배우고 교제하고 떡을 떼고 기도하기 위해 모였다(행 2:42). 이렇게 함께 모이는 것은 두 가지 차원에서 이루어졌다. 좀 더 큰 장소인 성전에서 이루어지는 모임에서는 사도들이 베푸는 가르침과 다른 신자들과의 좀 더 폭넓은 교제가 있었다. 그리고 더 작은 장소인 집이나 방에서 이루어지는 모임에서는 하나님을 찬양하고 함께 공동체적인 식사를 하였다(행 2:46-47).[34]

누가는 초기의 성도들이 '매일' 만났으며, 성전(전교회의 모임)에서 뿐만 아니라 그들의 가정(가정 회중들)에서 모이고, 기쁘고 겸손한 마음으로 음식을 먹고, 하나님을 찬미하며, 백성들로부터 칭찬을 받았다고 기록했다(행 2:46, 5:42, 20:20). 초대 교회는 1세기에 이중적인 장소에서 친교의 기능을 했다. '모여진' 상황은 '전교회'로 만난 것이고, 회중으로 집합된 것이며, '성전'으로 갔다. '흩어진' 상황은 '가정교회'로 만난 것이고, 셀 안에서 같이 동참하며, '가정에서 가정으로' 옮겼다.[35]

이같은 사실을 통해 우리가 알 수 있는 것은 각 도시마다 교회가 있었으나 한 도시에 교회가 하나 밖에 없었다는 것이다. 에베소에는 에베소 교회 하나, 로마에는 로마 교회 하나밖에 없었다. 그러나 도시마다 집집에서 모이는 수많은 가정교회가 있었다는 사실이다.[36)]

그러면 초대 교회 성도들은 왜 가정에서 모였을까? 그리고 가정에서 모이는 모임을 교회라고 했을까? 오늘날과 같은 완전한 종교적 자유가 없었다는 점에 주목할 필요가 있다. 따라서 가정에서 모임을 가진 것은 보안상 최적의 장소였기 때문이라고 생각할 수 있다. 더 큰 이유는 문화적인 것이었다. 가정 중심의 종교 행사 문화를 가지고 있었기에 초대 교회 성도들도 이러한 사회 문화를 따라 가정에서 모였던 것이다. 그러므로 초대 교회가 가정에서 시작한 것은 어쩌면 필연이었다.

실제로 고고학적 조사를 통해 드러난 증거를 보면 기독교인이 모인 가정교회는 오늘 한국의 가정집과 비교하면 제법 큰 집들이었음을 알 수 있다. 집 뜰은 55평방미터, 식당은 약 36평방미터였다. 식당은 약 20명을 수용할 수 있었고, 뜰은 약 50명이 들어갈 수 있었던 것이다. 지금의 시리아에 있는 유프라테스 강변에서 약 256년경에 있었던 가정교회가 발견되었는데 이집은 8개의 방과 한 개의 정원을 갖추었고 벽 하나를 터서 폭과 길이가 각각 15m의 예배실일지 모르는 공간을 만들기도 했음이 드러났다.[37)]

초대 교회는 모이는 성도가 최소 10명, 최대 100명 정도로 평균 30명이었다. 이처럼 하나님은 친밀한 교제가 가능한 소그룹 형식의 '가정교회'를 초대 교회에 허락하셨다. 실제로 초대 교회에서는 특정한 한 사람을 중심으로 위계적 리더십을 형성하지 않았다는 것이 이를 증명한다. 초대 교회에서는 한 명의 목회자가 아니라 여러 목회자들이 팀을 이루어 한 교회에 있었음을 알 수 있다.

- 바울서신의 가정교회

바울은 처음으로 '교회'라는 단어를 집중적으로 사용한 사람이다. 그는 교회라는 단어를 어떤 의미로 사용하였는가? 오늘날 그 단어는 다음과 같이 다양한 의미를 가진다.

· 특정 지역에 있는 그리스도인들의 연합체

· 그들이 모이는 건물

· 그들이 속한 교파

· 세상에 있는 그리스도인 전부

· 살아 있는 신자들과 이미 죽은 신자들 모두

바울이 교회라는 단어를 사용할 때는 첫 번째 의미로 사용한 것이다. 즉 특정지역에 있는 그리스도인들의 연합체를 말한다. 사도바울은 그리스도인들의 정기적인 모임을 언급하거나, 작은 가정에서 모이는 그룹이든 더 큰 도시 전체의 교회 공동체든 정기적으로 모이는 그리스도인을 언급할 때 이 단어를 사용한다. 사도바울은 '교회'라는 단어를 사용해서 어떤 건물이나 교회들의 조직망이나 세계 전역에 흩어져 있는 모든 그리스도인들을 의미하지는 않았다. 후기 서신서에서 바울은 우리가 그리스도 안에 있음으로 인해 그리스도를 둘러싼 하늘의 회중에 참여하고 있음을 언급한다. 이 하늘의 회중이 시간과 공간 안에 표현된 것이 지역 교회다(골 1:18; 엡 2:5-6, 3:10). 대개 '교회'라는 단어는 각 회중을 의미하거나(참고. 롬 16:4; 고전 11:18; 갈 1:2; 살전 1:1), 그 회중을 구성하는 가정 교회들을 의미한다(롬 16:5; 고전 16:19; 골 4:15; 몬 2절).[38)]

사도 바울은 그의 서신에서 성도와의 관계를 말할 때 가정과 가족을 말할 때 사용되는 용어인 "형제"(고전 8:11, 13, 15:58; 롬 15:14; 빌 2:25, 3:1, 4:1; 골 4:7; 몬 7), "자매"(갈 1:2; 고전 1:1, 16:20; 고후 1:1, 2:13, 8:23, 9:3, 5; 빌 2:25; 골1:2, 4:15), "아비와 자녀"(살전 2:11; 몬 10; 빌 2:22; 갈 4:19; 살전 2:7), "어머니"(롬 16:13) 등을 자주 표현하였다. 이 같은 가족적인 용어 사용은 구약과 그가 성장한 유대주의에 근원하고 있다. 이스라엘은 "집(house)" 또는 "가족(household)" (oikos Israel, bet Yisrael, 참고, 암 5:25; 렘 38:33) 이었다. 비록 이스라엘이 "하나님의 가족(household of God)"이라고는 결코 불리지는 않았지만 이스라엘인은 "형제(brother)"(레 10:4, 19:17; 신 15:3)였다.[39)]

지혜의 교사들은 종종 자신의 제자들을 "아들(son)" (시락서 2:1, 3:12, 17, 4:1, 6:18, 24, 32)로 불렀다. 지혜서(시락서 4:11)와 에세네파 감독자들도 "아비"와

"아들"이란 말을 사용하였으며, 쿰란 공동체는 스스로를 "진리의 가족, 거룩함의 가족, 온전함의 가족"으로 그의 구성원들을 "빛의 아들, 진리의 아들, 하늘의 아들"로 인식하였다.[40)]

바울의 교회에서 일어났던 것은 우리의 교회에서 일어나는 것과는 사뭇 달랐다. 오늘날 대부분의 교회에서 주일에 의례적으로 일어나는 일에서 생각을 돌이켜, 1세기 교회에서 일어나는 일들을 마음에 그려보는 데는 상당한 상상력이 요구된다. 교회의 크고 작은 모임들은 일반적으로 특별한 건물보다는 집이나 방에서 이루어졌다(롬 16:5; 고전 16:19; 골 4:15; 몬 2절). 이러한 모임들은 그다지 크지 않았다. 1세기 가옥들(당시 그런 집들을 소유한 사람들은 전 인구의 20퍼센트 미만이었다)의 평균 크기를 고려해 본다면, 아마도 '집에 있는 교회'에 모인 사람들은 12-15명 정도였고, '전체 교회'는 60~80명 정도 되었을 것이다. 모임들은 비공식적이고 기쁨이 넘쳤으며 사교적이었다.[41)]

바울의 서신서에 있는 문안 인사 구절들 "아굴라와 브리스가와 및 그 집에 있는 교회가(고전 16:19)", "브리스가와 아굴라에게 문안하라. 또 저의 교회에게도 문안하라(롬 16:3, 5)", "빌레몬과 및 자매 압비아와 및 우리와 함께 군사된 아킵보와 네 집에 있는 교회에게 편지하노니(몬1, 2)", "라오디게아에 있는 형제들과 눔바와 그 여자의 집에 있는 교회에게 문안하느니라(골 4:15)"들은 우리들에게 초기 그리스도인들은 개인의 집에서 모였음을 상기시켜 준다.

가브리엘 찬양대

그러한 집으로부터 초창기의 직분자들과 구조들이 발생되었고 그것은 수 세기를 걸쳐 교회의 모습을 갖추었을 것이다.[42)]

성경은 1세기의 그리스도인들이 가정에서 드리는 찬양과 예배 그리고 가르침을 받기 위해 같이 모였음을 보여준다(고전 16:19; 롬 16:5; 골 4:15;행 5:42). 마이클 그린(Michael Green)은 「초대 교회의 복음 전파」(Evangelism in the Early Church)에서 이러한 목적을 위해 사용된 1세기의 몇 가정을 기록하고 있다.

· 데살로니가의 야손의 집이 이러한 목적으로 사용되었다.

· 디도 유스도를 자극적으로 반대하는 곳에 위치한 고린도의 회당은 만남의 장소였다.

· 은아가보와 같이 떠도는 카리스마를 가진 자들이 환영을 받았던 가이사랴의 빌립의 집은 바울과 그의 동료 같은 해상 여행자가 방문하는 곳이었다.

· 빌립보의 루디아의 집은 만남과 사도 바울을 위한 환대의 장소였다.

· 아굴라와 브리스길라는 그들이 사는 곳마다 고린도 또는 로마, 그들의 집에 서 교회를 유지한 것으로 보인다.

· 빌립보의 야이로의 집은 그의 극적인 회심 이후에 복음 전파의 센터로 사용 되었다.

· 스데반의 집안은 바울에 의해 개인적으로 침례를 받았고, 바울은 그의 집을 성도의 봉사를 위한 장소로 분명히 사용했다.

· 마가의 어머니의 소유인 예루살렘의 다락방은 초대 교회에서 가장 먼저 알려진 만남

의 장소였다. '집에 있는 교회'가 기독교 믿음의 확산의 결정적인 요인이 되었다는 사실은 놀랄만한 것이 아니다.[43)]

바울이 유럽에서 전도하여 최초로 세운 빌립보 교회는 자주 장사 루디아의 가정이 중심이 되어 이루어진 것이며(행 16:11-40), 에베소 교회도 브리스길라와 아굴라의 가정에서 시작되었다(고전 16:19, 롬 16:3-5). 이처럼 초대교회는 집이라는 환경에서 소그룹으로 밀접한 관계를 가지며 가정을 중심으로 함께 모여 말씀을 나누고 기도하고 교제하며 많은 사람들을 전도하는 총제적인 교회의 역할과 기능을 감당하였던 것이다.

참말로 그라지요?

교회사를 볼 때, 소그룹이 최초로 시작된 것은 로마에 있는 브리스길라와 아굴라의 가정에서 모인 것과 같은 가정교회 모임에서였다. 그들은 가정에서 서로의 신앙을 격려하기 위하여 함께 모였다. 이 소그룹은 그리스도인들이 로마의 박해를 받는 동안에도, 로마의 카타콤 안에서 지속하였다. 극심한 박해 속에서도 그들이 신앙을 유지할 수 있었던 데는 소그룹의 힘이 컸다.[44)]

그러나 가정교회가 다른 소그룹과 다른 점은 가정교회가 교회의 한 부속기관의 역할을 하는 것이 아니라, 지역교회의 역할을 다 한다는 것이요, 가정교회를 한마디로 정의한다면 '개척교회'라 말할 수 있겠다.[45)] 우리는 가정교회를 단순히 교회 안에 한 하부 조직으로 이해해서는 안 될 것이다. 가정교회가 지역교회 안에 있는 작지만 하나의 온전한 교회라는 인식을 해야 할 것이다.

이에 대해 화란의 개혁주의 신학자 헤르만 바빙크는 다양한 가정교회 혹은 가정교회(house-church) 모두가 명확하게 교회의 명칭이 줬다는 점은 괄목할 만한 일이며(롬 16:5; 고전 16:19; 골 4:15), 한 교회는 다른 교회에 부속되지 않으며 그것들 각자는 독립적이고 다른 교회들과 동일한 권리를 소유하였다고 설명한다.[46)] 바빙크가 교회 내의 교회로서 지역교회와 가정교회와 유기적 관계를 상세히 말해 주지는 않았지만, 가정교회가 하나의 독립적 기능을 하는 교회라는 사실을 지적하고 있는 것이다.

루이스 벌코프는 신약의 에클레시아라는 단어가 다양한 개념으로 표현되었음을 말한다. 첫째는 어떤 일정한 장소에 모인 일단의 신자들 곧 지교회를 지칭한 것이다. 둘째는 가정 에클레시아 곧 어떤 개인의 집에서 모인 가정교회를 지칭하기도 하고 셋째는 유대와 갈릴리와 사마리아에 있는 일단의 지역교회를 지칭하고 넷째는 그리스도를 주로 고백하며 임명된 직원들의 지도를 받아 예배를 위해 조직된 자들로 구성된 전 세계에 걸쳐서 형성되어 있는 전체로서의 몸을 지칭하며 다섯째는 천상과 지상에 있는 모든 신자로 구성된 전체로서의 몸을 지칭한다고 말한다.[47] 그의 교회에 대한 이해에 있어서도 개인의 집에서 모이는 가정교회가 지역교회에 종속적인 기능을 하는 교회라기보다는 온전한 교회의 한 형태라는 것을 알 수 있다.

밀라드 에릭슨은 가정교회라는 용어를 사용하지는 않았지만 지역교회뿐 아니라 '개인의 집에서 모이는 교회'에 대해서 언급하고 있다. 그는 개별적인 회중이나 특정한 장소에 있는 신자들의 무리가 결코 전체 교회의 단순한 한 부분이나 구성요소로서 간주되지 않는다는 사실에 주목해야 한다고 말한다. 그가 말하는 '집에서 모이는 교회'는 가정교회를 의미하는 것이며, 가정교회는 하나의 교회로서 교회의 총체적 기능을 하는 교회임을 알 수 있다.

론 투르딩거는 교회를 3가지로 분류하면서 그 중의 하나를 가정교회로 구분한다. 그는 신약에서 교회라고 번역되어 112번 나오는 에클레시아를 모두 분석해 다음의 3가지 범주로 나누었다. 첫째는 예수 그리스도의 우주적인 교회, 둘째는 한 대도시 혹은 소도시와 동일시한 교회, 셋째는 가정에 있는 교회이다. 이 같은 그의 분류를 통해 알 수 있는 것은 가정교회는 지역 사회에 부속적인 기능을 하는 교회가 아니라 대그룹으로 모이는 지역교회와 달리 소그룹으로 가정에서 모이는 교회이지만 하나의 완전한 교회 구조를 가진 교회로 이해할 수 있겠다. 이처럼 우리는 가정교회를 이해할 때에 가정교회가 모임 형태로는 소그룹으로 모이는 교회로, 기능상으로는 지역교회가 하는 역할을 감당하는 독립된 기능의 교회라는 것을 인식해야 할 것이다.

가정교회는 초대교회처럼 집에서 모이는 교회이다. 형편에 따라서 교회의 구성원들이 자신들의 가정을 열었다. 행 2:46-47을 보면, "날마다 마음을 같이하여 성전에 모이기를 힘쓰며 집에서 떡을 떼며 기쁨과 순전한 마음으로 음식을 먹고 하나님을 찬미하며 또 온 백성에게 칭송을 받으니 주께서 구원받는 사람을 날마다 더하게 하시니라". 가정교회에 식사와 예배와 전도가 있었음을 암시해주는 성경 구절이다. 이러한 가정교회의 삶은 주위의 사람들에게 커다란 반향을 일으켰음이 틀림없다. 그러기에 온 백성에게 칭송을 받았다고 말한다. 이들이 온 백성에게 칭송을 받음을 통해서 구원받는 사람들이 날마다 더해 갔다고 말한다. 이것은 가정교회를 통해서 삶을 나누고 삶의 현장에서 변화의 모습들을 통해서 온 백성에게 칭송을 받고 이로 인해서 교회가 성장했음을 보여준다.

가정교회를 조직하기 위해서 성경에서 말하는 근거를 행 2:46-47에 두고서 음식을 같이 나눔과 하나님을 예배하는 것과 전도의 사역이 있어야 한다. 이 가정교회에서 평신도 사역자가 매우 중요한데, 그 대표적인 예는 브리스길라와 아굴라이다. 이와 같은 평신도 사역자들을 목자라고도 한다. 이 목자들은 대체로 잘 훈련된 사역자이어야 한다. 이 목자의 자격은 주님이 보여주신 섬김의 모범을 보일 수 있는 자라야 한다. 또한, 목자는 주위의 이웃들에게 친밀감을 주는 활동적인 성격의 소유자여야 한다.

가정교회에서 음식을 나눔은 매우 중요한 요소인데, 특히 한국적 상황에서 음식을 함께 한다는 것은 매우 친밀함을 의미한다. 그러므로 음식을 나눔을 통해서 특히 어색함을 없애주고, 이 음식의 나눔의 시간을 통해서 이웃을 초청하여 먼저 친구가 되어주는 것이 필요하다. 또한, 이 음식의 나눔은 한 가족의 구성원으로 해야 할 역할을 한다.

가정교회에서 음식의 나눔과 함께 중요한 것은 필요를 채움과 돌봄이 있어야 한다. 가정모임에서 삶의 구체적인 문제들을 내어 놓음으로 가정교회의 교인들은 서로에 대해 간증을 통해서 위로와 격려를 준다.

가정교회에서 중요한 것은 예배의 요소를 빠뜨릴 수가 없다. 예배는 가정교회 구성원들의 성향에 따라서 예배 형식이 달라질 수 있다. 이 예배에서 목자가 설교하거나 구성원 중에서 하나님이 어떻게 역사하셨는지에 대한 간증을 한다. 가정교회에서는 자녀에 대한 배려가 있어야 한다. 가정교회에서는 자녀를 함께 모이도록 해서 그들 가운데 형제 의식을 느끼게 해야 한다. 또한, 자녀를 돌볼 사람을 정해서 돌보는 것도 좋은 방법이다.

가정교회의 가장 중요한 관심은 가정교회 안으로 향해 있는 것이 아니라, 세상을 향해 있다. 그러므로 가정교회는 관계를 중심으로 전도의 폭을 넓혀 가야 한다. 또한, 어른 12명을 기점으로써 분가해야 한다. 분가할 때의 원칙은 기존의 가장이 개척해 나가는 방법을 택한다.

가정교회에 대한 신학적 이해는 학자와 가정교회 철학으로 목회하는 목회자에 따라 약간씩 주장하는 내용이 다르다.

첫째, 교회의 존재 목적을 마태복음 28장 19-20절에서 찾고 있다.

'너희는 가서 모든 민족을 제자로 삼아 아버지와 아들과 성령의 이름으로 세례를 주고 내가 너희에게 분부한 모든 것을 가르쳐 지키게 하라'.

이 말씀은 주님이 주신 대사명인데 여기에는 4개의 동사가 등장한다. '가서', '제자로 삼아', '가르쳐', '지키게'하라가 그것이다. 그런데 이 중에서 명령형으로 되어 있는 동사는 하나뿐인데 그것이 바로 '제자를 삼아'이다.

본문의 의미를 살리면 '제자를 만들어라'가 되고, 제자를 만드는 방법으로 제시한 것이 '가서', '제자로 삼아', '가르쳐', '지키게 해서'이다. 예수님은 제자를 만들라고 명령하신 것이다. 교회가 제자를 만들지 않으면 안 된다는 것이다. 제자가 된다는 것은 '예수님의 삶'을 전수하는 것이다. 마태복음 28장에서 '가르쳐 지키게 하라'는 말씀도 삶을 전수하라는 말씀이다.

가정교회 존재 목적이 무엇인가? 영혼 구원하여 제자 만드는 것이다.

주일 낮 예배 광경

가정교회란 바로 이 목적에 집중하는 것이다.

둘째, 성경적인 제자훈련 방식을 회복하는 것이 가정교회이다.

마가복음 3장 14-15절에서 "이에 열둘을 세우셨으니 이는 자기와 함께 있게 하시고 또 보내사 전도도 하며 귀신을 내는 권능도 가지게 하려 하심이라"고 하였다.

예수님의 제자 훈련 방식은 지식 전달이 아니라 능력 배양이었는데 그 예가 귀신을 내는 것이었다. 그리고 교실 강의가 아니라 현장 실습이었는데 12명을 2명씩 짝을 지어 보내기도 하면서 실습을 하였다. 그리고 가르치는 것이 아니라 삶을 통해 직접 보여주는 것이 바로 '자기와 함께 계시고'이다. 결국 가정교회는 보여주는 방식을 중요하게 생각한다.

셋째, 성경적인 사역 분담을 회복하는 것이 가정교회이다.

에베소서 4장 11절에 등장하는 사도, 복음 전하는 자, 목사와 교사의 공통점은 그들이 모두 말씀 사역자라는 점이다. 지금 시대에서는 목사를 가리킨다. 왜 주님께서 목사를 주셨는가? 그것은 12절에서 밝혀주고 있는데 곧 '성도를 온전하게 하여', '봉사의 일을 하게하며', '그리스도의 몸을 세우려 하심이라'이다.

이 말씀의 정확한 번역은 '성도를 온전하게 하여'의 11절의 목사이고 '봉사의 일을 하게하며', '그리스도의 몸을 세우는 것'의 주어가 그 앞에 나오는 '성도'로 되어 있다. 그러므로 목회자의 일은 성도를 온전하게 하여서 성도로 하여금 봉사의 일을 하게 하는 것이다.

여기서 봉사의 일이란 KJV에서는 'ministry'로 번역했다. 곧 목회라는 말이다. 가정교회는 한 마디로 평신도 지도자로 하여금 성도가 심방도 하고 상담도 하는 사역의 장이다.

목회철학이 있는가?

일반 전통교회에서 부목사 생활로 만 7년을 섬겼고 교회를 개척하게 되었는데 당시 목회에 대한 철학을 이렇게 세웠다. 개척 당시 창립 비전은 1) 개척 정신으로 '주님의 교회를 세워 주님께 드리자'와 2) 개척 각오는 '사생결단' 3) 기도제목은 주님이 원하시는 지역이 어디입니까?·주님이 원하시는 교회는 어떤 교회입니까?·부족한 종을 통해 그 지역 영혼들을 구원하소서 4) 교회상은 하나님께 영광 돌리는 교회·주님이 도와주시는 교회·성령이 역사하고 성령이 함께하는 교회로 정했다. 그 후 목회가 본격화되면서 세 가지로 목회철학을 새롭게 정리하여 한결같은 마음으로 변함없이 실천에 옮기고 있다.

첫째는, 세상에 변화를 주고 성도들에게 평안을 안겨주는 교회를 목표로 하고 있으며 두 번째는, 대그룹인 "축제적인 예배"와 소그룹인 "가정교회"로 세워져 가는 교회를 목표로 하고 있다. 그리고 세 번째는, 소그룹 중심으로 평신도를 지도자로 세워서 함께 동역하는 교회를 그 목표로 하고 있다.

만남의교회를 개척할 때부터 소그룹 사역과 가정교회에 초점을 맞추고 지금까지 변함없이 열정을 쏟아 왔다. 그 이유 가운데 하나는, 가정교회처럼 섬김의 장을 만들어 주는 공동체가 많지 않기 때문이다. 이것을 더 확대하고 가정교회가 섬김의 공동체로 나아가기 위해서는 가정교회를 학문적으로 더욱 체계화하고 조직할 필요성을 느꼈다. 그래서 박사과정으로 소그룹 목회학을 전공하였고 여러 유형의 소그룹과 소그룹 유형 중의 가정교회를 깊이 있게 들여다 본 것이다. 그리고 소그룹목회에 전념하는 교회와 가정교회 철학으로 목회하는 교회들을 방문하여 탐방하면서 다음과 같이 정리하였다.

첫째, 가정교회를 섬김의 공동체처럼 선호하는 것은, 로마서 16장 5절(쉬운성경)에 나와 있는 것처럼, 브리스가와 아굴라 집에 있는 교회, 골로새서 4장 15절에 눔바 집에 있는 교회, 빌립보 집에 있는 교회 외에 사도 바울은 가정교회를 구체적으로 에클레시아 즉 불러내는 교회로 보지 않고 있다. 헬라어의 '카타'라고 하여 브리스가와 아굴라 집에 따른 교회라고 되어 있기 때문이다. 그리고 사도행전 2장 42-27절 등에 나타나 있는 대로 언어적으로 원형교회라는 인식이 들기 때문이다.[48)]

둘째, 가정교회는 소그룹 내에서 얼굴과 얼굴을 맞대고 만날 수 있는 최적의 구조인 환경이기 때문에 섬김의 공동체를 돈독히 할 수 있다. 따라서 형편과 상황을 잘 알 수 있는 구조이기 때문에 필요한 부분을 언제든지 채워줄 수 있는 섬김의 공동체가 바로 가정교회인 것이다.

셋째, 가정교회는 상호 나눔과 돌봄에 대한 책임감을 강조하면서 친밀함과 상호 신뢰가 있기 때문에 예수님이 본을 보여주셨던 것처럼 섬김의 장이 바로 가정교회인 것이다. 이 가정교회에는 훈련된 전문 사역자들만이 아닌 구성원들의 은사 확인과 계발을 통한 사역 공동체로의 발전을 꾀하는 곳이다.

수직적 위계질서보다는 관계에 중점을 두고 있는 가정교회이기 때문에 하나님께서 공동체 구성원들에게 부여하신 각각의 은사를 효과적으로 계발하는 데 유익한 은사 공동체로 진전할 수 있는 큰 장점을 가지고 있다. 즉 평신도[49]들의 은사와 지도력을 사장시키지 않는다는 것을 가정교회의 큰 장점으로 보는 것이다.

넷째, 가정교회는 새로운 멤버들을 교회에 편안하고 안정감 있게 안착시킬 수 있는 정착의 장으로서 그 역할을 하는 데 유효하며 시간이 지남에 따라 구성원들이 자연스럽게 늘어나고 궁극적으로 분가까지 나아가야 하므로 가정교회는 전도와 교회 부흥의 전초 기지가 될 수 있는 곳이다. 만약 섬김의 장이 되지 못한다면 결코 안정을 가질 수 없을 것이다.

실제로 만남의교회에서는 가정교회를 통하여 전도할 사람을 초대하고 구체적으로 섬겨줌으로써 가족공동체를 공유하게 하고 있다. 이 일은 해년마다 정기적으로 실시하고 있는데 새로 초청되신 분이나 기존의 교인들도 비록 준비하면서 헌신이 요구되지만, 기꺼이 감당하고 있다. 소그룹 유형으로서 가정교회는 그 자체가 곧 섬김의 공동체인 것이다.

이상적 공동체

왜 이상적 공동체로서의 가정교회인가? 그것은 신약에 나타난 가정교회들이 하나님이 바라시는 공동체적인 삶, 혹은 공동체적인 교회를 가장 잘 제시해 주기 때문이다. 성경은 모범적 교회 공동체를 계급적이고 권위주의적인 체계가 아닌 수평적 섬김의 교제로 제안했다. 그것은 삼위하나님이 사랑 안에서 강한 친밀성을 가지고 일체가 되셨듯이 가정 교회에는 유기적 가족애 정신이 그대로 살아 있는 것이다. 그리고 바울의 '몸' 비유에서 공동체를 확인할 수 있는데 머리는 오직 그리스도일 뿐 나머지 신체는 지배적 위계 구조가 아닌 평등 구조이면서 상호 의존적이다. 이러한 공동체적 교회가 신약에 나타난 가정교회인 것이다.

한편 볼프강 짐존(Wolfgang Simson)은 그의 책 가정교회(침투적 교회개척론)에서 가정교회는 일반 가정 안에서 초자연적인 능력을 통해 공동체적으로 기독교적인 삶을 사는 방식이라고 말한다. 가정교회는 진정으로 회심한 사람들이 자신을 위한 삶을 포기하고 하나님 나라의 가치들을 따라 공동체적인 삶을 살기 시작할 때, 자신의 삶과 자원들을 다른 그리스도인들과 그들 주변에 있는 아직 그리스도인이 되지 않은 불신자들과 공유하기 시작할 때 나타난다는 것이다

인생의 대부분을 공동체에서 살아온 이스라엘 출신 그리스도인 아르트 카츠(Art Katz)는 이렇게 말한다.

공동체적 삶은 당신의 옛 자아를 하나님의 성령의 힘으로 가루로 만들어 버린다. 그리고 당신을 자기만 아는 비참한 개인적인 삶에서 건져낸다. 그 비참한 삶을 살때 우리는 일주일에 한 시간 드리는 예배 동안만 서로를 사랑했고 예배가 끝나자마자 집으로 달려가서 우리 자신의 꽃에 물을 주고 우리의 베란다에 앉아서 우리 자신을 위해 준비된 음식을 먹고, 우리 차를 청소했다. 우리, 우리, 우리, 우리는 구원받은 자들의 교제의 한 일원으로서 가능하게 한다. 구원받은 자들로서 우리는 예배를 마치고 나서 자기 집으로 가지 않는다. 우리가 함께 있는 그곳이 우리의 가정인 것이다.[50)]

공동체의 삶을 가장 잘 보여 준 교회가 바로 초대교회이다. 초대교회가 가정 교회였던 또 하나의 중요한 의미는 바로 '공동 식사' 교제를 했다는 것이다. 소그룹 구성원들이 깊이 있는 교제를 나누는데 식사만큼 효율적인 것도 없다. 공동체가 서로 교제를 나눔에 있어서 공동 식사는 지체

들 간에 공동체 의식을 구체화하게 하는 데 아주 적합했다.

그리고 초대교회의 가정교회는 성도들이 소유를 나눠 갖게 함으로써 한 가족 의식을 심화시켰다. 교회 안에 있는 가난한 자들이 생활하도록 '구제'하는 것이 목표였기 때문이다. 볼프강 짐존(Wolfgang Simson)과 같은 사람은 "가정교회에서 소유를 공유해야 하고 생활 방식은 공동체적이어야 한다."[51]고 했다. 이것은 성경을 오해하고 있는 것이다. 그것은 자신의 풍요를 궁핍한 사람과 나누자는 것이지 부자의 것을 빼앗아 나눠 먹자는 것이 아니기 때문이다. 따라서 이것은 단순한 공산주의 제도가 아니고 극단적인 공동체에서 주장하는 재산 공동 소유는 더더욱 아닌 것이다.

현대에 가정교회가 다시 출현하게 된 것은 이러한 초대교회의 깊은 친밀성을 부활시키고자 해서일 것이다. 이는 현실적으로 큰 교회에서는 교제를 효과적으로 갖지 못하기 때문일 것이다. 로버트 뱅크스 역시 현대의 기존 교회는 공동체적 특징을 갖고 있지 못하다고 보고, 가정교회의 출현을 필연적인 요구로 생각했다.[52]

이상에서 살펴본 대로 가정교회는 과거에 있어서도, 현대에 있어서도 공동체를 살리고 하나가 되게 하는 교회인 것이다. 현대의 새로운 특징이 아니고 바로 성경에 근거를 둔 교회인 것이다.

만남의가족한마당큰잔치

공동체로 산다는 것은?

하나님은 자신이 공동체로 계시듯이 아담 혼자 창조한 후 기뻐할 수 없었다. 인간에게 공동체적 삶을 살게 되는 것은 필연적이었다(창 1:26, 2:18, 20)

인간이 하나님의 형상이라는 의미는 인간을 공동체적으로 창조하실 것을 목적하셨음을 의미한다. 하나님이 인간을 하나가 아닌 둘로 창조한 것은 인간이 관계적 존재라는 것을 말하는 것이며, 이는 인간으로 하여금 하나님과도 역시 관계하며 살아야 할 것을 현시하는 것이다.

인간이 혼자 있는 것이 좋지 못하여 둘로 창조하신 것은 교제하는 것을 창조 법칙으로 삼았다는 것이다. 즉, 고립되는 것은 하나님이 의도하신 것이 아닌 것이다. 이런 의미에서 하와 창조를 생각해야 한다.

하와가 돕는 자(ezer)로 명명된 것은 무엇을 의미하는가? '돕는 배필(Suitable helper)'. '돕는 자'가 '구원자(rescure)'의 고차원적인 의미(출 18:4; 시 33:20, 70:5, 117:9-11 등). 남녀는 동질의 사람이다. "이것을 남자에게서 취하였은즉 '여자'라 칭하리라"(2:23). 따라서 "남자보다 열등하다는 암시는 성경 어디에도 없다. 남자가 '이는 내 뼈 중의 뼈요 살 중의 살이라'(창 2:23)는 아담의 고백은 "이 여자는 또 다른 나 자신이다"라는 것이며 남자가 여자보다 우월하다든지, 여자가 남자보다 열등하다는 암시를 전혀 발견할 수 없다.

그래서 여기서 산다는 것은, 부부 생활한다는 것, 나아가 교회에서 신앙생활 한다는 것은, '내가' 그렇게 하는 것이 아니라 '우리가' 그렇게 하는 것이다. 서로의 관계를 상정하지 않고 자아의 세계란 있을 수 없다. 관계성을 없애면 나는 존재하지 않는 것이다. 공동체적인 삶은 선택이 아닌 필수인 것이다. 그리고 이러한 부부의 공동체적 삶은 모든 우리 삶의 기준이 된다. '가족'으로 '부부'와 같이 살라는 말이다.

첫째, 교회는 가족이다.[53] 그리스도인들은 자신을 신성한 한 가족의 구성원임을 인식해야 한다.

> "때가 차매 하나님이 그 아들을 보내사 여자에게서 나게 하시고 율법 아래 나게 하신 것은 율법 아래 있는 자들을 속량하시고 우리로 아들의 명분을 얻게 하려 하심이라 너희가 아들인 고로 하나님이 그 아들의 영을 우리 마음 가운데 보내사 아바 아버지라 부르게 하셨느니라" (갈 4:4-6).

우리는 같은 한 하나님을 아버지로 모시는 형제자매들로서 인식해야 그리스도를 주로 모시는 한, 우리는 한 가족임을 확신 한다. 그러므로 바울은 갈라디아 교인들에게 '기회 있는 대로 모든 이에게 착한 일을 하되 더욱 믿음의 가정(식구)들에게 할지니라'고 말한다(갈 6:10).

둘째, 바울은 형제라는 표현을 통해 한 가족 됨을 알려주고 있다. 그는

약한 자를 '그리스도께서 위하여 죽으신 형제'라고 말하고, 개인적으로 그가 직접적인 책임이 있는 '내 형제'라고 말한다(고전 8:11, 13). 빌레몬에게는 '나의 형제여...'(몬 7)' 에바브라디도에게도 개인적으로 형제라는 입장에서 편지하고 있다(빌 2:25). 오네시모를 '진실하고 사랑을 받는 형제', '갇힌 중에서 낳은 아들'로 말한다(몬 10; 골 4:9). '우리의 자매 압비아'(몬 2), '우리 자매 뵈뵈'(롬 16:1). '주 안에서 택하심을 입은 루포에게 문안하라 그의 어머니는 곧 내 어머니라'(롬 16:13). 바울이 책망하고 권면한 가족 기능 장애를 겪던 고린도 교회를 보면, 자신을 아버지로 고린도 교인을 아들로 생각하고 편지한다.

셋째, 사랑으로 하나가 된 가족이다.

> 사랑은 오래 참고 사랑은 온유하며 투기하는 자가 되지 아니하며 사랑은 자랑하지 아니하며 교만하지 아니하며 무례히 행치 아니하며 자기의 유익을 구치 아니하며 성내지 아니하며 악한 것을 생각지 아니하며 불의를 기뻐하지 아니하며 진리와 함께 기뻐하고 모든 것을 참으며 모든 것을 믿으며 모든 것을 바라며 모든 것을 견디느니라(고전 13:4-7)

이러한 태도는 성도들이 관용, 인내, 용서, 겸손, 친절, 이해심, 소망, 넓은 마음, 낙관적인 마음 등을 가지는 것을 말한다. 서로 짐을 나누어지며(갈 5:22), 서로 같이 돌아보고, 함께 아파하고 함께 기뻐해야 한다(고전

12:25-26). 다른 사람의 일을 돌아보아야 한다(빌 2:1-4). 긍휼과 자비 겸손 온유로 서로 용납, 용서하여야 한다(골 3:12-14; 엡 4:32-5:2).

사랑은 공동체를 유지시키는 힘이다. 그런데 이 사랑은 수고이며, 섬김의 행동으로 나타나야 한다. 지체 간의 상호 사랑의 교통이 공동체의 결속을 강화시켜 준다. 교회는 구성원 간에 서로 제한된 방식으로만 책임을 지는 "유한 책임 회사"가 아니라, 완전히 서로에게 책임을 져야 하는 무한 책임의 "헌신된 사람들의 회사"다.[54)]

넷째, 몸으로서의 교회 공동체이다.[55)] 연합은 개인의 소멸, 개교회의 사라짐을 전제하지 않는다. 개성은 살아 있다. 주체성을 지닌 지체들 간의 연합이지 주체성이 상실된 자아가 없는 무책임성을 바탕으로 한 연합은 아니다. 어느 한 개체를 자신과 동일시하도록 강요해서는 안 된다. 그리고 연합은 그리스도 안에서의 연합이다. 지체들의 다양성에도 불구하고 그리스도를 중심으로 한 연합이어야 한다는 것이다.

'너희는 그리스도의 몸이요 지체의 각 부분이라'(고전 12:27).

지역 공동체는 그리스도의 몸임을 말한다. 전체의 공동체뿐만 아니라 개개의 교회도 그리스도의 것이라는 말이다. 사역의 다양성을 인정해야 한다.

다섯째, 초대교회의 가정교회는 개방형 가족 공동체(갈 3:28-29)였다.[56] 신약에서의 공동체적 교회는 구약에서와 같이 교회 안에 있는 모든 성도들을 신성한 한 가족의 구성원으로 인식했기 때문이다. 그러면 어떻게 한 가족으로서의 공동체를 이루는가? 바울은 사랑이 그 중심 원리임을 제안하면서 고린도교인들을 설득했다.

> 13:1 내가 사람의 방언과 천사의 말을 할지라도 사랑이 없으면 소리 나는 구리와 울리는 꽹과리가 되고
>
> 13:2 내가 예언하는 능력이 있어 모든 비밀과 모든 지식을 알고 또 산을 옮길 만한 모든 믿음이 있을지라도 사랑이 없으면 내가 아무 것도 아니요
>
> 13:3 내가 내게 있는 모든 것으로 구제하고 또 내 몸을 불사르게 내줄지라도 사랑이 없으면 내게 아무 유익이 없느니라
>
> 13:4 사랑은 오래 참고 사랑은 온유하며 시기하지 아니하며 사랑은 자랑하지 아니하며 교만하지 아니하며
>
> 13:5 무례히 행하지 아니하며 자기의 유익을 구하지 아니하며 성내지 아니하며 악한 것을 생각하지 아니하며

13:6 불의를 기뻐하지 아니하며 진리와 함께 기뻐하고

13:7 모든 것을 참으며 모든 것을 믿으며 모든 것을 바라며 모든 것을 견디느니라

이처럼 사랑은 교회 공동체를 만들며 유지시키는 최고의 노력이다. 사랑은 서로를 존중할 수 있게 하고, 친절하며, 겸손하고, 이해심과 아량, 그리고 관대한 마음과 낙관적인 가치관을 가지게 한다. 교회가 사랑으로 가득할 때 긍휼과 자비, 온유한 마음으로 모든 사람을 포용하게 되는 것이다. 이러한 사랑의 흔적들이 교회 안에 분쟁을 억제시키는 힘을 발휘한다. 그 결과 진정한 코이노니아 공동체가 이룩되는 것이다.

섬김의 공동체

한국 교회에는 다양한 강조점을 가진 소그룹 유형이 존재한다. 전통적인 소그룹의 유형으로 교회에서 선포된 말씀을 다시 한 번 반복하는 유형도 있고, 특별한 필요를 요청하는 사람들의 필요에 부응하는 유형도 있으며, 셀 유형을 변화시킨 유형도 다수 존재한다. 그런데 이렇게 많은 소그룹 유형이 존재함에도 불구하고 왜 가정교회 운동에 관심이 집중되고 있는가? 그것은 가정교회들이 삼위 하나님께서 사랑 안에서 강한 친

밀성을 가지고 일체가 되셨듯이 유기적 가족애 정신이 살아 있는 수평적 상호 섬김의 공동체이기 때문이다.

가정 교회는 초대 교회의 빌립이나 스데반과 같은 평신도 사역자들이 자기들의 삶의 현장에서 섬기는 초대 교회의 모델을 따른 것이며, 가정을 중심으로 모여 구성원 서로 간에 삶을 나누고 돌보는 곳이다.

더 나아가 가정교회는 예배, 교육, 친교, 전도, 선교 등 교회가 해야 할 모든 사역을 포괄적으로 행하는 곳이다. 소그룹은 같은 또래나 같은 배경, 혹은 관심도에 따라 모이는 특수 계층의 모임인데 반하여, 가정교회는 가정의 어른들과 자녀들까지 전부를 포함하는 교회다. 따라서 가정교회는 '자발성'과 '독립성'을 가진 공동체임을 알 수 있다.

내가 섬기고 있는 만남의교회는 제자훈련 사역을 통해 평신도를 지도자로 세우고 그들로 하여금 가정교회를 섬기도록 하고 있는데 초대 교회처럼 훈련된 평신도 사역자들을 세워서 그들이 리드하는 그룹으로 하여금 그 기능을 다하게 하고 있다. 그리고 이미 가정교회 사역을 활발하게 펼치고 있는 경기도 화평교회 최상태 목사는 가정 교회를 하면서 현대 교회의 현실을 무시하면 안 된다고 강조한다. 즉 초대 교회의 원리와 정신, 그리고 골격은 그대로 살려 나가되 교회 내의 관계 유형이나 권위 계통을 염두에 두고 시대적 상황에 맞는 방식으로의 적용이 필요하다"고 했다. 가정교회를 하나의 소그룹 유형으로 볼 때 가정교회 소그룹이 '자발성', '독립성'과 더불어 전체 교회와의 '유기성'이 강조되어야 하는 것이다.

소그룹 유형으로서 가정교회

기독교 전문연구기관인 바나그룹은 일반교회와 가정교회에 참석하는 교인들의 교회 만족도에 대해 조사한 결과 '가정교회야말로 교회의 시초라고 생각하는 교인들이 늘어나고 있기 때문에 2025년까지 전 교회는 현재의 반으로 감소할 것'이라는 전망까지 언급하고 있다. 구조적으로 완전히 독립하여 훈련된 전문성을 지닌 영적 지도자 없이 매주 가정에 모여 영적인 모임을 진행하는 소규모 신앙 공동체가 늘어날 것이라는 말이다.[57)]

<표 1>를 분석한 결과 첫째는 형식적인 종교생활에 빠진 교인과 조직화되었음을 알 수 있고, 둘째, 제도화되어 능력을 상실한 교회, 그리고 제사장의 직무를 유기함으로 인한 가정의 붕괴가 가정 교회 부상의 원인임을 알 수 있다. 셋째는 가정 교회는 평가 단계에서 수용 단계로 접어들고 있다는 것과 넷째는, 가정이 신앙과 경험을 나누는 주된 장소라는 인식이 점점 많아질 것이다. 다섯째는, 가정 교회를 1차적인 믿음의 공동체로 받아들이는 사람들의 비율이 증가할 것이다. 여섯째는, 가정교회 교인들

■표 1 바나그룹(The Barna Group)의 가정교회(house church) 관련 설문조사 [58]

바나그룹(The Barna Group)은 2005년과 2006년에 가정교회(house church) 관련 설문조사를 두 차례 실시하여 발표했다. 주목할 만한 통계와 분석을 소개한다.

〈교인들의 만족도〉

• 교회의 리더십에 대한

기성 교회	49%
가정 교회	68%

• 결속력에 대한

기성 교회	41%
가정 교회	61%

• 영적 깊이에 대한

기성 교회	46%
가정 교회	59%

〈신학적 견해〉

성경적	57%
비성경적	19%

(2006년 8∞10월, 18세 이상 미국 성인 2008년)

〈가정교회 출석 횟수〉

매주	27%
한 달에 1∞3회	30%
한 달에 1회 미만	43%

(2005년 6월∞2006년 5월, 18세 이상 크리스천 5013명)

의 영적 자족감은 가정교회 성장에 걸림돌이 될 수 있다는 것이다.

위 도표에서 확인할 수 있는 것처럼 이제는 점점 신앙과 경험을 나누는 장소를 가정에서 모이는 소그룹을 취하고 있기 때문에 방법론적인 접근으로 가정교회를 논하기보다 작은 교회 운동으로 가정교회를 말할 수 있어야 한다. 가정교회는 완전히 독립적인 구조와 의미, 그리고 영적인 모임을 정기적으로 진행하는 공동체적 의미로 '가정교회'(home or house church)라는 용어를 사용할 수 있다. 그리고 또 한 가지는 '교회 안의 작은 교회'(ecclesiola in ecclesia)로서 전체 교회를 기반으로 하여 전체 교회와 연관성 속에서 소그룹의 유형으로 가정 교회를 선택하고 진행하는 것이다.[59)]

소그룹과 가정교회와의 차이점

대부분 어려움을 겪고 있는 교회들은 자기 교회에 맞지 않는 소그룹을 적용했거나 사전 공유가 없이 무리하게 강행하다가 교회가 어려움을 겪는 경우들이 많다. 소그룹의 유형들을 살펴볼 때 국내뿐 아니라 외국에도 많은 소그룹이 존재하고 있는데 그 특징들이 있고 장단점들이 있다. 따라서 어떤 소그룹은 교회에 적용하기 용이한 것도 있지만 그렇지 않는 소그룹도 있다. 소그룹의 유형들을 살펴보고 그 차이를 정확히 안다면 자기교회에 맞는 소그룹을 적용하여 얼마든지 건강한 교회를 만들 수 있고 성숙해 가는 교회를 만들 수 있기 때문에 여러 유형의 소그룹들과 가정교회와의 차이를 살펴보고자 하는 것이다.

■ 구역과 가정교회의 차이

구역은 같은 지역에 사는 사람을 묶어 조직한다. 구역의 역할은 친교와 서로를 돕는데 초점을 맞추고 있다.[60] 그리고 구역원 중에서 구역장과 권찰을 세워 관리와 사역을 하게 하는 소그룹이다. 구역은 독립적이라기보다는 종속적이다. 목회 분담사역보다는 행정 분담사역이다.

구역이란 하나님의 백성이 교회 외적인 생활 속에서도 선별된 자로서의 생활을 하는데 도움을 주고 믿는 성도들을 하나로 묶어 친교는 물론 전도 생활을 통한 구체적인 봉사 활동을 하는 장이다. 따라서 구역 관리는 교인들의 거주 분포를 중심으로 하여 적절히 구역을 조직하고 교인들로 하여금 그리스도의 사랑에 감사하며 기쁨으로 교회생활에 참여할 수 있도록 평신도 지도자들과 더불어 교회를 이끌어 나가는 조직적인 목회 활동이다.[61]

구역을 운영하는 목적으로는 어떤 조직이든지 그 조직이 조직되게 되는 분명한 목적이 있다. 구역모임의 목적은 넓은 의미에서 첫째, 하나님을 위하여 모이고 둘째, 구역 안에 소속된 성도들 자체를 위하여 모이고 셋째, 그들이 살고 있는 세상을 위하여 모인다.[62] 이와 같은 원리에 입각한 본 교회 구역조직의 목적은 다음과 같다. 첫째, 하나님께 예배드리기 위해 모인다. 우리가 하나님을 예배하는 그 주된 이유가 하나님께서 우리의 찬양과 경배를 받으실 만한 분이기 때문이며 우리의 삶을 변화시킬 만한 능력이 예배 속에 들어있기 때문이다.[63]

구역이 성장하고 성숙하기 위해서는 그 원리를 알아야 하는데 구역의 성장은 교회의 성장을 위하고 교회의 성장이란 곧 그리스도의 몸의 성장을 뜻하는 것이다. 이는 그리스도의 주권의 확대이며 그리스도 역사의 계속적인 확장을 뜻하고 그리스도 나라의 성장을 의미하는 것이다.[64]

첫째, 분담의 원리이다. 목회자는 스스로 모든 것을 하기보다는 성장을 위하여 반드시 사명자를 찾아 역할 분담을 하여야 한다.

둘째, 계획의 원리이다. 성장을 위해서는 구역원들이 모여 일 년간의 활동 계획과 목표를 설정하여 구역장 모임을 통해 서로 나누고 이를 이루기 위해 노력해야 한다.

셋째, 분리의 원리이다. 구역원이 열심히 부흥되어 구역가정이 확장되면 분립하여야 한다.

가정교회는 기존의 교회에서 가진 구역모임과는 차이점이 존재한다. 가정교회와 구역모임은 조직 방법과 그 역할에서 크게 두 가지 차이점이 있다.

먼저 조직 방법에 서 구역은 같은 지역에 사는 사람들을 한 구역으로 묶고 주로 위로부터의 결정에 따라 조직되지만, 가정교회는 그 회원들의 자발적인 선택에 의한 아래로부터의 결정에 따라 조직된다. 지역 중심의 조직이 아니라 관계 중심의 조직이 가정교회의 조직 방법이다. 구역은 같은 지역에 있는 사람으로 구성되어 있지만, 가정교회는 회원의 선택으로 구성된다. 구역은 관리적 측면이 강하고 가정교회는 사역의 측면이 강하다. 구역은 평신도의 사역이 친교 중심으로 한정되어 있지만, 가정교회의 평신도 사역은 친교와 전도 그리고 봉사의 측면까지 확대 실시하고 있다.[65]

그동안 서구를 중심으로 이뤄져 오던 소그룹의 패턴은 주로 「소그룹 성경공부」 차원의 모임이었다고 볼 수 있다. 그리고 지나치게 친교적 기능이 극대화되어 그에 따른 폐단도 만만치 않았다. 그러나 가정교회 소그룹을 실시할 경우 평신도의 사역의 범위가 넓어진다.

둘째는 구역모임은 친교와 서로를 돕는 데 초점을 맞추고 있는 반면에 가정교회에서는 예배, 성경공부, 제자훈련, 선교, 전도, 전도, 친교 등 교회가 하는 모든 역할을 다 한다. 말하자면 가정교회는 자그마한 개척교회인 것이다.[66]

또한, 구역 모임은 여성도 중심으로 모이지만 가정교회는 대부분 부부 중심으로 모이고, 모임을 갖는 시간도 구역모임은 주로 낮 시간대에 갖지만 가정교회는 밤에 모이고 있다. 구역 모임에 있어 사역의 대부분을 구역장이 주도하지만, 가정교회는 구성원 모두가 각자의 은사에 따라 사역을 분담하고 있다.

그러나 무엇보다도 가장 큰 차이를 든다면 가정교회는 그 자체로서 교회이기 때문에 교회의 모든 기능을 다 감당하는데 있다.

앞에서 논의하였던 차이들을 다음의 표와 같이 정리할 수 있겠다.

■표 2_ 구역모임과 가정교회 모임의 차이 67)

모임구분	구역 모임	가정교회 모임
모임 구성	지역 중심	관계 중심
조직	교회 결정에 의한 조직	구성원 결정에 의한 조직
모임 성격	예배 중심	교제 중심, 나눔 중심
구성원	여성도 중심	부부와 가족 중심
구성원 중심	기존 신자 중심	새가족 중심
모임 중심	성경공부 중심	나눔과 전도 중심
모임 시간	낮에 주로 모임	밤에 주로 모임
모임 인도	구역장 중심	구성원 중심
오이코스	오이코스에 대한 무관심	오이코스에 대한 관심이 큼
공동체성	공동체성 약화	공동체성 회복
모임 시간	시간 제약이 큼	시간 제약이 적음
모임 형태	모임이 단순	모임이 다양
신앙 성숙도	신앙 성장이 더딤	신앙 성장 및 변화가 큼

■셀 교회와 가정교회와의 차이

셀 교회를 통한 폭발적 교회 성장이 미국(베다니 세계기도센터), 에콰도르(꽈야낄 기독교센터), 엘살바도르(엘림 교회), 싱가포르(신앙공동체침례교회), 콜롬비아(국제은사 선교교회), 온두라스 테구치 갈파(살아있는 사랑의 교회), 페루

리마(생수교회)에서 선풍적인 역사를 일으키고 있다.[68] 그러면 셀 교회 운동이란 무엇인가? 한 마디로 본질로 사는 삶 즉 하나님 나라를 위해 헌신된 그리스도인이 되도록 돕는 소그룹 운동이다. 셀 교회는 한두 명 추가하는 교회가 아니고 수천 명의 생명을 낳을 수 있는 생명력 있는 성도를 만드는 것이다.

셀 교회는 그리스도의 몸으로서 그리스도의 임재, 능력을 모일 때 마다 체험하는 살아있는 생명체 교회를 꿈꾼다. 어떻게 체험할 수 있는가? 4W 원리이다. 즉 Welcome-친밀한 성도의 교제, Worship-하나님을 찬양하면서 하나님의 임재를 경험, Word-치료와 하나님나라 중심으로 회복, Work-전도에 총력을 기울인다.

셀 교회는 공동체로서 가족 경험을 하게 하고, 양육을 관계 형성, 간증, 초대, 정착, 사역, 리더 개발, 리더 번식의 순으로 통합적 양육 시스템을 갖추고, 상호책임—죄를 고백할 수 있는 사람이 있어야 한다. 지도자들은 기도, 말씀, 리더십 개발에 최선을 다해야 한다. 리더십은 원형 시스템과 리더십 시스템으로 구성해야 한다. 원형 시스템을 어떻게 만드느냐에 따라 계속해서 슈퍼옥수수와 같은 셀이 형성된다. 원형 단계는 장차 복음 사역의 기초를 놓는 단계이다.[69]

한국교회는 21세기를 셀 교회와 함께 시작했다고 해도 과언이 아닐 정도였다. 셀 교회의 이론과 목회 철학은 누구나 공감하는 내용이었다. 하지만 목회 현장에서 셀 교회를 구현하려고 하면 너무나 큰 현실적 장벽과 부딪히게 된다. 거의 혁명에 가까운 개혁을 해야 하므로 전통적인 교회 구조를 셀 교회로 전환하기가 쉽지 않기 때문이다.

셀 교회는 성경적이고 신학적이며 조직적으로 잘 정리되어 있다. 새롭고 능력 있는 교회로 교회를 개혁하여 영혼 구원의 역사를 불러일으키는, 놀라운 이론과 실제를 구비한 시스템이다. 이러한 이유로 많은 목회자와 교회들이 셀 교회에 관심을 가졌고 그것을 수용했다.

이처럼 한국적인 상황을 반영한 셀 교회 운동을 통해서 성공적인 셀 교회 정착이 이루어지고 있지만 셀 교회의 정착은 여전히 쉽지 않다. 또 목회자들도 수많은 훈련 프로그램을 직접 인도하다 보니 시간이 지날수록 힘들어한다. 목회자가 지치면 당연히 성도들도 지치게 된다. 이런 여러 가지 상황을 종합적으로 진단해 보면 아직도 셀 교회가 제대로 정착되었다고 보기 어렵다. 그리고 셀 교회는 조직과 계급, 세속적인 경영 방식, 재빠른 변화를 요구함으로 깊은 관계를 세울 여유가 없으며 공동체적인 유대관계가 악화될 우려가 크다. 그러나 가정교회는 누구나 편하게 와서 함께 삶을 나누는 모임이다.

가정교회는 전통교회가 가진 문제점을 극복하고, 성경적인 교회를 회복하고자 하는 셀 교회의 기본 원리는 공유한다. 성경적인 교회를 구현하려는 원리는 동일하게 성경에서 비롯되기 때문에 셀 교회와 가정교회의 차이점을 이론적으로 규정하기는 쉽지 않다. 굳이 가정교회와 셀 교회의 차이점을 찾아내려고 한다면, 성경의 원리를 목회 현장에서 어떻게 적용하고 있는가에 대한 문제, 즉 실천 과정에 차이점이 있다고 말할 수 있다.

셀 교회 운동은 21세기 교회가 나아가야 할 방향임에 틀림없다. 수많은 교회와 목회자들이 안고 있는 문제에 대한 성경적인 해답임이 분명하기 때문이다. 하지만 셀 교회의 원리를 개별 교회에 적용할 때에는 여러 가지 한계에 부딪히게 된다. 현실에 적용하기에는 어려운 부분이 있다는 것이다. 목회자에게 과중한 업무와 역할이 집중되어 계속해서 셀 교회를 이끌어갈 영적 에너지가 고갈되고, 목사와 교회가 함께 지쳐 버리는 일이 종종 일어난다. 이것은 셀 교회 원리가 잘못되었다는 것이 아니라 목회 현장에 일어나는 현상에 대한 문제다. 실제로 이런 현상들이 많이 나타나고 있다.

가정교회는 현대교회가 잃어버린 소그룹 공동체성의 회복이라는 셀 교회의 핵심 원리를 공유한다. 그래서 가정교회는 셀 교회에서 시작되었다고 할 수 있다. 그래서 이론의 탁월성에 비해서 현실 목회에 적용하기 어려웠던 셀 교회의 한계를 극복한 것이 가정교회라고 확신한다. 성경적인 교회의 구현을 위해서 한국적인 목회 상황에 가장 적합하게 적용된 목회 원리가 바로 가정교회인 것이다.

■표 3_ 셀 교회와 가정교회 모임의 차이 70)

셀 교회	전인적인 가정교회
•셀은 교회의 하부 조직 •셀은 교회에서 조직해 줌.	•가장은 그 자체로 교회의 직능 다함 가장은 교회의 하부 조직이 아니라, 각 가장이 연합해서 연합교회를 이룸
•셀 리더를 교회가 임명 •교회의 필요에 의해서 조직을 재편함	•가장은 최대한의 자율성을 가지고 전도, 심방, 교육, 선교, 예배와 같은 교회의 기능을 담당 •제자훈련을 받고 있는 사람이나 받은 사람 중에서 가장으로 파송
•셀교회의 존재 목적은 번식 •셀은 번식하기 위해서 존재	•가정교회는 분가가 주목적 아님 •교회의 기능을 감당하는 것이 목적
•번식하지 못하는 셀은 죽은 셀 •심지어는 암세포로 분류 •셀은 존재 목적을 상실할 때 임의적으로 해체하거나 재조직	•예비 가장이 준비되면 분가도 가능하며 일부 재편도 가능 •번식(분가)을 강요하지 않음 •번식을 못해도 그대로 교회의 기능을 다 하도록 격려
•각 셀의 구성과 조직의 주도권이 교회	•가정교회의 모든 내부 조직과 구성은 자연스럽게 자체적으로 이루어지게 함 예) 찬양팀장. 선교팀장. 친교팀장 등의 조직 가장과 가원들이 결정
•셀 리더의 임명. 셀원의 이동. 셀의 해체 등이 교회의 결정.	•분가는 교회에서 큰 틀을 제시하고 예비 가장이 준비되었거나 내부적인 갈등이 생길 때 조정해 줌
•셀교회의 최고의 가치는 성장 •셀의 존재 목적은 번식과 전도에 강조	•가정교회 최고의 가치는 초대교회의 구현 •존재목적이 삶의 나눔과 영혼 구원
•각 셀들은 셀원들이 함께 모이는 셀 모임 이외에 비신자 전도 •열린 셀 모임을 따로 구성	•전도 소그룹을 실시하여 관계전도에 주력 •VIP(전도대상자)를 향한 사랑과 섬김의 실천 •교회와 목사, 가장과 가원이 각자의 역할을 분담
•리더십이 소수의 리더에서 집중 •셀 교회는 결국 담임목사의 카리스마적인 리더십에 의존 •셀 리더는 담임목사의 비전을 공유하고 영향을 받고 제자가 됨 •담임 목사의 리더십에 의해 셀교회의 승패가 좌우.	•리더십은 가장에게 위임 •가정교회의 리더십은 섬김의 리더십 •담임목사의 영역인 심방, 섬김, 돌돔 등을 가장들에게 위임 •가장은 지도자들만의 모임을 통해 담임목사의 비전을 공유한 다음 리더십 위임

셀 교회	전인적인 가정교회
•셀교회의 리더십은 사역 중심과 권위적 •하향식으로 지시적 •셀교회의 전형	•가정교회의 리더십은 관계 중심과 섬김 •가정교회의 담임목사와 가장의 관계는 서로 섬기는 동역자 관계 •담임목사의 역할은 가장이 가정교회를 잘 할 수 있도록 도와주고, 가장의 의견을 수렴하여 전체적인 결정을 내리는 것
•셀교회의 리더는 철저한 훈련과 관리에 의해 세워짐 •셀 리더는 훈련된 사람 •셀 리더를 양육하는 커리큘럼에 의함	•공통점 : 가장은 성장반이나 제자훈련을 통하여 예수님의 섬김을 실천할 자를 가장으로 세움 •예비가장은 가장을 보필하면서 섬김을 보면서 가장으로 세워짐
•낮에 모이기 편한 여성들을 중심 •직장 남성의 경우는 직장 남성셀을 만들어 비슷한 환경을 가진 남성을 중심으로 전도	•가정 교회는 부부 중심. 가족 중심 •함께 모이는 교회의 본질을 지향
•교회가 규정해 놓은 헌신이 강조 •셀 리더가 되려면 거쳐야 하는 훈련 과정이 있음 •이런 기준에 미치지 못하는 성도들은 자연스럽게 뒤처지게 됨	•가정교회는 나눔, 삶, 섬김, 말씀나눔 외에 특별한 성경공부만을 요구하지 않음 •서로 섬기고 나누면서 헌신할 수 있도록 만드는 것이 가정교회의 특징 •특별한 프로그램에 매이지 않음
•찬양시간 기타 반주나 반주 없음 •찬양집과 악보가 제한적	•가정교회는 기타나 반주기를 사용 - 찬양과 기도시간 능률 높임 •교회 안에 각 룸에도 반주기 설치 •악보 및 찬양집과 찬양수록 포켓용 지참

■ 제자훈련과 가정교회와의 차이

제자훈련이란 평신도를 소명 받은 자로서 세상으로 내보내는 훈련을 교회가 감당하도록 지도자를 세우는 것을 말한다. 교회의 본질은 성성, 통일성, 보편성, 사도성인데 전통적인 교회에서는 사도성이 결여되어 있다는 것이다. 즉 지상교회의 소명이 제대로 반영되어 있지 못하다는 것이다. 성도들이 세상으로부터 부름 받은 존재일 뿐 아니라 세상으로 부름 받은 존재임에 대한 선교적 사명이 부족하다는 것이다. 그러므로 제자훈련은 성도의 특권과 소명을 균형 있게 발전시켜 교회의 본질에 충실함과 아울러 교회성장을 이룬다는 전략이다. 사도성이란 사도들이 증거하는 말씀과 증거의 사역을 오늘날 교회가 감당해야 한다는 것인데 여기서 교회란 교역자들만이 아니라 전 성도를 일컫는다는 사실이다.

20세기에 들어와 교회에 새로운 빛을 던진 각성이 있었다면 평신도 운동을 그 하나로 꼽을 수 있을 것이다. 일각에서는 20세기의 평신도 재발견이 그 크기로나 박력으로 보아 16세기의 종교개혁과 맞먹을 수 있다고까지 평가하고 있다. 종교개혁이 하나님을 위한 참 교회상을 회복하는데 그 의의가 있었다고 한다면 평신도 운동은 세상을 위한 참 교회상을 회복하는데 그 의의가 있다고 할 수 있다.[71)]

예수님의 사역을 보면 전파사역(설교, 복음전파)과 병 고치는 사역(은사, 사회성 회복), 가르치는 사역(제자훈련, 교회체질개선)을 하셨는데 이 세 가지 사역 중에 한국교회의 현실상 가장 부족한 부분이 제자훈련이라는 사실이다.

예수님의 지상명령인 마 28:18-20절을 보면 가서 모든 민족을 제자로 삼아 아버지와 아들과 성령의 이름으로 세례를 주고 내가 네게 분부한 모든 것을 가르쳐 지키게 하라고 명령하고 있는데 여기서 주의할 점은 주된 동사가 '제자를 삼아'이다. 그리고 일반 동사가 가서와 세례를 주고, 그리고 가르친 다음 지키게 하라는 것이다. 그러니까 예수님의 명령은 제자 삼기 위해서 가라는 것이고, 세례를 주라는 것이며 가르치고 그것을 지키게 하라는 것이다.

결국 제자훈련은 소그룹 목회의 본질적인 것이고 제자를 삼을 때 목회다운 목회를 이룰 수 있는 유형이다. 제자훈련은 소그룹 중심으로 가능하며 삶의 나눔과 성경공부, 그리고 훈련을 통한 적용 등이 가능함으로서 이론 중심이 아니라 실제적으로 변화를 가져오게 하는 장점을 가지고 있다.

제자훈련 모임은 성경공부와 나눔, 그리고 생활 과제 등을 통해서 제자를 만들지만 가정교회 모임은 근본적으로 제자를 만들어가는 모임이라기보다 삶을 나누고 서로 섬김으로써 제자를 만든다. 또한 제자훈련 모임은 일정 수준 헌신과 배움이 준비된 사람을 대상으로 하나 가정교회는 안 믿는 이도 훈련받은 이도 참석 가능하다. 왜냐하면 가정교회는 보고 배우는 소그룹이기 때문이다. 그리고 제자훈련 모임의 목적은 훈련이고 가정 교회 모임의 목적은 상호 사역이다.[72]

기타 가정교회 소그룹은 '기도'를 강조한다. 서로가 서로를 위해, 그리고 교회와 담임목사를 위해 나아가 선교지와 선교사를 위해 기도하는 모습은 가정교회의 중요한 부분이다. 그러나 가정교회가 곧 기도모임은 아니다. 기도모임은 기도를 원하는 사람들을 주축으로 따로 결성해 줄 필요가 있다. 그래서 가정교회를 통해 그 동안 밀려온 기도를 하게 하는 것은 바람직하지 않다. 가정교회가 기도모임이 될 때, 기존의 성도들이나 이것을 감당할 만한 사람들에게는 문제가 되지 않지만, 불신자들이나 일시적으로 참석한 사람들에게는 너무 부담이 되기 때문이다. 가정교회는 기도모임과는 다르다. 가정교회는 기도를 강조하지만 기도를 위한 소그룹이 아니고 초대교회처럼 오로지 기도에 전념하는 데 중점을 둔다.

가정교회는 분가나 재생산에 역점을 두지만 교회 내 일반 소그룹은 각기 그룹에 맞는 목적을 지행하고 있고, 가정교회는 주님의 온전한 몸을 이루고 깊은 공동체적 삶을 발전시키는데 목적을 두지만 일반 소그룹은 제각기 발전과 목적을 이루는 일에 힘을 쓴다. 교회 내 소그룹은 가정교회 기능 중 한 부분만을 감당한다. 예를 들면 친교그룹은 친교를, 찬양그룹은 찬양을, 전도그룹은 전도를 감당한다. 그러나 가정교회는 이 모든 기능을 총체적으로 감당한다.[73)]

소그룹 기본과정 속의 은혜

○○○ 집사

이 마지막 시대에 어떤 교회, 어떤 목사님을 만나게 되느냐에 따라 신앙의 성공과 실패가 달려 있다고 생각합니다. 그런 점에서 저는 만남의교회를 섬기게 되었고, 강정원 목사님을 만나게 하심은 하나님의 은혜입니다.

지금까지 신앙생활을 하면서 체계적으로 훈련받고 싶었고, 말씀에 대한 갈급함이 있었습니다. 그렇게 지내오다가 만남의교회를 소개받아 등록하게 되었는데, 지금은 과거의 모든 고민은 해결되었고, 신바람 나게 신앙생활 하고 있습니다.

저희 만남의교회는 새 가족이 오면 일대일 바나바사역을 통하여 새 가족들이 정착됩니다. 그리고 끊임없는 관심과 사랑으로 새 가족들이 교회를 알게 되고, 목사님을 알게 되며 교회생활에 쉽게 적응할 수 있도록 이끌어 주므로 쉽게 정착할 수 있습니다.

소그룹사역의 기본과정은 양육반, 영성반, 교회론반 각각 6주로 18주 과정입니다.

1) 양육반을 통하여 어떻게 구원을 얻습니까?

2) 영성반을 통하여 어떤 준비를 하고 사십니까?

3) 교회론반을 통하여 교회란 무엇입니까?

내가 구원을 받았음에도 어떻게 받았는지, 구원의 확신이 무엇인지, 그 동안 기도를 줄기차게 했음에도 얼마나 잘못된 기도를 해왔던지, 교회론반을 통하여 교회의 주인이 주님이라는 것을 알았습니다.

저는 이 과정을 통하여 너무나 부끄러움을 느꼈습니다.

교회가 무엇인지를 알고 보니 피 값으로 세운 교회를 내가 주인인 것처럼 생각했던 것이 너무나 죄송하고, 깨닫지 못한 지난날의 교만과 죄가 얼마나 오만했는지, 저는 소그룹사역의 기본과정을 거치면서 많이 울고 회개하는 시간이었습니다.

예수님께서도 언제 어디서든지 항상 제자들에게 가르침을 멈추지 않으시고 항상 비유로 말씀하시고 깨닫도록 해 주신 것처럼, 저희 목사님께서도 얼마나 쉽게 깨닫도록 가르쳐 주시는지, 목사님께 배운 것이 너무 감사하고 자랑스럽습니다.

소그룹사역의 기본과정을 통하여 나의 신앙이 올바르게 재정립되는 시간이었습니다. 찬양과 말씀 속에 우리의 영혼은 살찌워졌고, 한 과가 마치면 반드시 나눔과 적용속에 생활숙제가 있는데, 그 다음 시간에 그것을 나누는 시간에는 얼마나 은혜스럽고 깊은 감격이 있는지 모릅니다.

이런 사역과 프로그램 속에 내가 만남의교회를 다니고 있다는 것이 자랑스럽고, 한 사람의 변화가 얼마나 큰가를 알게 되었습니다. 한 사람이 변화되면 그 사람을 통하여 또 다른 사람이 변화되고, 그 변화된 삶 속에 주님의 증거가 있고, 가르침과 양육이 있기 때문에 교회는 부흥될 수밖에 없었습니다.

처음 만남의교회를 정했을 때 너무나 많이 놀란 일이 있습니다.

그것은 모든 성도의 신앙의 연륜이 많을 줄 알았습니다. 그런데 모두가 사역자였고 일꾼들이었습니다. 교회를 다니고 나서 나중에 안 사실이지만 겨우 2~3년 정도밖에 안 된 일꾼들이 많았기 때문입니다. 그런데도 너무도 탄탄한 믿음과 행동들, 멈춰 있지 않고 전진해 나가는 열정들! 그것은 바로 목사님의 끊임없이 훈련하시는 열정의 결과였고, 눈물과 사랑의 결정체였습니다.

저희 목사님은 한 주간을 사역에 전념하고 계십니다. 빽빽한 스케줄 가운데서도 언제나 인자하시고 한결 같습니다. 힘들어도 내색도 안하시고 힘들다, 어렵다, 안된다는 말씀을 한 번도 들어 본적이 없습니다.

소그룹사역의 기본과정 속에서 목사님의 심정과 사랑을 더욱 더 알게 되었는데, 시간마다 전하시는 말씀 속에 존경심이 더욱더 커지고, 목사님을 통하여 예수님을 더욱더 사랑하게 되었습니다. 그 센스! 그 유머! 그 환한 웃음! 소그룹사역을 통하지 않고 어떻게 목사님과 이런 모습을 알고 자랑하겠습니까? 너무나 귀하고, 귀한 시간 속에 받은 그 사랑은 무엇과도 비교가 안 됩니다.

지금도 그렇고, 앞으로도 계속될 소그룹사역과 제자훈련을 통하여 만나주실 성령님, 그리고 주님의 사랑을 만끽하고 있습니다.

제가 지금까지 말씀드린 것은, 10분의 1도 안 되는 내용입니다. 그 감격은 해보지 않고 말할 수 없고 글로 표현하기엔 부족합니다. 하나님의 사랑이 너무 커서 하늘을 두루마리 삼고, 바다를 먹물 삼아도 한없는 하나님의 사랑 다 기

록할 수 없듯이 기본과정을 통하여 나눈 은혜를 말로 표현 다 못 합니다

저희 목사님이 자주 말씀하시는 것 가운데 하나는, 은혜 중에 가장 큰 은혜가 "말씀을 깨닫는 은혜"라고 하셨는데, 저는 그 귀한 은혜를 목사님을 통하여 갑절로 받았습니다.

그 무엇보다 감사한 것은, 교회를 사랑하고 교인을 사랑하심이 남다르신 지혜로우신 목사님을 만나 만남의교회를 섬김에 행복하고, 내 인생의 방황과 신앙의 방황은 이제 종지부를 찍었으니 하나님의 몸된 교회에서 영원히 충성하라는 하나님의 명령으로 알고 열심히 달려가겠습니다.

성장반 간증

성장반 ○○○ 집사

성장반을 마치고 간증하려 하니 가슴 한쪽에서 무엇인가 꿈틀거리며 뭉클해집니다.

먼저 성장반을 무사히 마치게 해주신 하나님 아버지께 깊은 감사를 드립니다. 또한 열정적으로 지도해주신 강정원 담임목사님과 제가 힘들어할 때 이끌어주고 챙겨주신 성장반 7기생들에게 진심으로 감사드립니다.

저는 만남의교회의 전인적인 소그룹사역인 가정교회를 통해서 예수님을 영접하고 기본 훈련과정인 양육반과 영성반, 교회론반을 통해서 신앙생활의 기초를 다졌으며 믿음의 싹이 조금씩 자라게 되었습니다. 그리고 교회행사에 참여하여 봉사하면서 은혜를 받았으며 나의 신앙생활이 올바로 세워져 갔습니다. 여기까지 오기까지는 하나님께서 준비해주셨다고 마음과 입술로 고백합니다.

저는 중급과정인 성장반을 기본과정인 양육반과 영성반과 같은 맥락으로 생각하고 훈련에 임했습니다. 그런데 성장반을 하면서 저의 기대는 그대로 무너져 버렸습니다. 제가 생각했던 훈련과는 너무나 달랐고 체계적으로 진행되었으며 쏟아지는 은혜가 너무나 컸습니다. 처음에는 부담감이 있었지만 성경과 신앙서적을 읽고 암송하면서 제 신앙이 부쩍 커졌습니다. 나의 삶이 변화되기 시작했으며 주어진 사역을 감당해 나가는 모습에 저 자신도 놀라곤 했습니다.

훈련과정들을 마치고 난 지금 생각해 보면 아쉬움이 많이 남습니다. 공동체 훈련을 하면서 나 혼자만 잘하면 되겠지하는 안일한 마음 때문에 동료의 허물을 감싸고 배려하지 못하며 시련도 있었습니다. 또 교회건축 때문에 중간에 휴강을 하여야 했으며 다시 시작할 때는 왠지 싫어지고 새벽에 나가는 것이 큰 부담으로 작용하여 머릿속에서 수십 번 고민을 할 때면 순간적으로 하나님께 기도로 매달렸습니다.

제발 시험에 들지 않게 해달라고, 하나님 말씀을 붙들고 살아가게 해달라고, 그런데 나의 주님은 그때마다 저의 기도에 응답해 주셨습니다. 그래서 저는 주님께 항상 감사하는 마음으로 살아가고 있습니다.

제가 성장반을 하면서 우리 집에는 변화의 물결이 일기 시작했습니다. 텔레비전에 빠져 살던 제가 성장반을 위한 예습과 책을 읽어나갔더니 아이들도 책을 보며 공부를 하는 것입니다. 자연스럽게 텔레비전 보는 횟수가 줄어들고 하나님 말씀과 책을 읽으며 주말이면 도서관으로 가족 모두가 책을 빌리러 갑니다. 지금까지는 기술서적만 보다가 책을 읽으려하니 잘 읽혀지지 않았지만 그래도 말씀과 책을 읽어 나갔습니다.

성장반을 하면서 기도와 찬송으로 하나님께 영광를 돌리고, 말씀을 배우며 뜨겁게 교제하고, 주일 예배드리고, 차량봉사를 하고 나면, 몸은 피곤하지만 마음속에는 기쁨이 충만되고 항상 은혜 속에 주일을 보냅니다.

예수님이 이 땅에 오셔서 제자들의 발을 씻겨주시며 섬김으로 사역을 하였듯이 저 또한 말씀에 순종하며 내 마음 속에 욕심과 교만을 버리고 교회를 섬기며 성도들을 섬길 것을 다짐해 봅니다.

성장반 중의 "만남의가족 공동체 큰 잔치"를 준비하면서 어려움도 있었지만 하나님께 기도하며 하나님께서 해주실 것이라 믿으며 미팅을 하였고 행사준비를 위해 자기 시간을 만들었습니다. 그 동안 함께해 주신 성장반 7기 반원들에게 고맙고 감사하며 행사를 마치고 받은 은혜 또한 수고한 만큼 배가 되어 되돌아 왔습니다.

행사가 끝나고 다음날 새벽에 경기도 고양시에 있는 화평교회 "가정교회지도자세미나"에 참석하여 장로님들의 성도를 섬기는 모습들과 가원들의 아픔을 내 아픔인양 함께한 가장과 가원들의 모습을 보면서 큰 은혜를 받았습니다.

우리교회와 똑 같은 금요일 밤에 모이는 가정교회를 참관하고서는 찬양과 말씀 기도 그리고 섬김과 나눔이 활발하게 이루어진 모습을 보면서 또한 은혜를 받았습니다.

우리 목사님께서 준비하신 이런 훈련과정을 통해 저의 믿음 또한 성숙해지고 섬김의 자세를 다시 한번 돌아보게 됩니다.

성장반 훈련을 받으면서 힘들고 어려운 점도 있었지만 저는 제 자신이 영적으로 성장해가는 것을 느끼면서 하나님께 감사드리고 이런 훈련을 통해서 신앙생활을 할 때 배운 것을 몸으로 행하며 순종하는 삶과 섬김의 삶을 마라톤신앙으로 이어가야겠다고 다짐합니다.

저는 감히 권하고 싶습니다.

성장반 훈련을 받지 않으면 평생 후회할 것이라고 훈련을 하면서 조금은 힘들어도 하나님께 받은 은혜와 축복 그리고 영적성장에 기쁨이 가득합니다.

한번 주님의 사랑에 흠뻑 취해 보십시오.

저를 여기까지 이끌어 주신 하나님께 감사드립니다.

Design 3

만남의교회
가정교회로
디자인하다

만남의교회는 그 선봉에 평신도 리더들과 평신도들이 주축을 이루고 있다. 특별히 평신도들을 적극 참여시키고 있는 곳은 가정교회이다. 왜냐하면, 가정교회가 추구하는 궁극적인 목적 가운데 하나가 바로 교회를 균형 있게 하고 건강하게 하기 때문이다.

함께 뛰라

평신도 사역은 목회자와 평신도가 동역자로서 동등한 권리와 책임을 가지고 하나님 나라의 사역을 위해 함께 일하는 것을 의미한다.[1] 따라서 평신도의 사역을 활성화 시키는 가정교회는 신약교회를 회복하며 교회의 본질을 회복하는 것이다. 가정교회는 다양한 교인들의 은사와 재능에 알맞은 선교를 계획하기 때문에 평신도가 자발적 참여와 헌신적 봉사를 통해서 적극적으로 선에 참여하게 된다.[2] 그러므로 가정교회의 평신도는 목회의 대상이 아니라 목회자의 동역자이다.

그러므로 건강한 교회는 대중적 카리스마적 목회가 아니라 가정교회를 통한 평신도 중심의 목회 구조이다. 칼 조지(Carl F. George)는 성장과 목회자 중심의 메가교회(mega church)를 지양하고 소그룹 중심의 메타교회(meta church)가 미래 교회의 대안이라고 주장한다.[3)]

그는 특별히 구역 조직에 대하여 많은 관심을 나타낸다. 그리고 그는 구역의 지도자들이 남녀 구분, 결혼 유무, 직분 차이 등이 문제가 아니라 권위 있고, 구역 전체를 감독할 수 있고, 목회자들로부터 잘 훈련된 평신도여야 한다고 한다. 메타교회는 동화(assimilation), 훈련, 목회적 돌봄 그리고 전도의 센터로서 기능하는 소그룹의 네트워크에 기초하고 있는 교회이다. 그러므로 메타교회는 목회자의 역할보다 평신도의 역할이 중심이 된 교회이며, 평신도 훈련을 강조한다.[4)]

건강한 교회를 위하여 평신도를 동력화(mobilizing)하고 평신도의 지도력을 개발해서 제자화(discipling)하는 동력적 평신도와 교육과 훈련 그리고 관리가 필요하다. 특별히 평신도는 목회자와 동역자로서의 개념으로 사역해야 한다. 그러므로 '동역자'의 신학적 개념 정리가 필요하다. 사도 바울에게 그의 조력자인 평신도들은 '동역자'라는 개념으로 이해되었으며, 그의 사역은 그들에게 상당한 부분에서 평신도에게 의존적이었다. 사도행전에서는 사도, 예언자, 교사, 감독, 장로, 그리고 집사로 알고 있는 일곱 사람에 대하여 기록하고 있다. 바울은 그의 서신에서 공동체의 지도자들을 "동역자"(롬 16:3, 고후 8:23), "주의 일에 힘쓰는 자" (고전 15:58)라고 불렀다.[5)] 이러한 바울의 동역자 개념은 목회자와 평신도의 협력 사역을 위한 좋은 근거를 제공하고 있으며 소그룹 목회를 통하여 평신도 사역이 극대화 될 수 있다.

예수님의 마지막 지상 대명령(마 28:18-20)을 수행하는 것은 교회가 감당해야 할 본질적인 사역인 것이다. 21세기는 교회가 평신도로 하여금 주님의 마지막 명령에 순종하도록 전도와 선교에 참여토록 할 것을 요구한다. 특별히 예수님은 지상명령을 통하여 모든 민족을 제자로 삼으라고 하셨다. 모든 민족을 제자 삼으라는 것은 해도 되고 안 해도 되는 그런 사역이 아니다. 반드시 해야만 하는 사역이다. 코랄 릿지(Coral Ridge) 장로교회의 제임스 케네디(James Kennedy) 목사는 전도 폭발 훈련을 통하여 평신도들을 실제로 전도 사역에 참여시킴으로써 놀라운 교회 성장을 경험하였다. 제임스 케네디 목사는 다음과 같이 말한다.

> "성직자들만이 전도를 해야 한다는 사상은 교회를 병들게 하는 가장 큰 이단(異端)이다!"[6] 평신도들을 제자 삼아 훈련시키고 그들을 깨워서 교회를 활성화시키는 것은 마땅한 일이다.

만남의교회는 그 선봉에 평신도 리더들과 평신도들이 주축을 이루고 있다. 특별히 평신도들을 적극 참여시키고 있는 곳은 가정교회이다. 왜냐하면, 가정교회가 추구하는 궁극적인 목적 가운데 하나가 바로 교회를 균형 있게 하고 건강하게 하기 때문이다.

가정교회는 현시대가 추구하는 평신도들의 위치를 새롭게 발견했다는 것과 그들을 적극 활동하게 한다는 것이다. 헨드릭 크레머가 주장하듯 평신도를 '객체'(objects)로서의 평신도가 아니라 '주체자'(subjects) 또는 '행위자'(agents)로서의 평신도로 이해하고[7] 교회 활성화에 평신도들이 적극 참여토록 하고 있다. 이러한 평신도의 재발견은 그들이 초대교회 평신도처럼 교회를 건강하게 세우고 자발적인 참여를 하게 함으로써 교회 활성화에 없어서는 안 될 중요한 역할을 하도록 한다는 데 있다.

초대교회의 설립과 교회 활성화에 중요한 역할을 한 자들은 평신도들이다. 초대교회는 아마추어 평신도들에 의해 교회가 전파되었다. 초대교회는 전문적인 직업 선교사나 전도자에 의해 복음이 전파된 것이 아니라 핍박으로 흩어진 평신도들이 가는 곳마다 담대하게 복음을 전하였고, 이 복음 전파를 통하여 그들은 성령의 임재를 더욱 강하게 체험했다(행 8:1-7, 11:19-21).[8]

만남의교회는 대그룹과 소그룹을 통하여 균형을 이루고 있다. 그 가운데서도 전인적인 소그룹인 가정교회는 평신도를 세우는 사역이요 그들을 통해 교회를 활성화하는 일에 힘쓰고 있다. 가정교회가 교회를 활성화하는 데 가장 큰 기능은 평신도로 하여금 목회하게 한다는 점이다. 맡겨진 가원들을 돌보고 섬기면서 말씀을 가르치고 나누는 일은 전부 평신도 리더들과 평신도들이 함께 만들어내는 작품인 것이다. 또한, 가정교회는 선교 사역 기능을 다하도록 하고 있다. 실제로 이러한 일은 초대교회가 이미 그렇게 행했던 사역이고 이것을 오늘날의 가정교회 역시 그러한 선교의 사명을 감당하도록 함으로써 세계를 품고 교회를 내실화시키는 아주 중요한 역할을 가정교회가 감당하고 있는 것이다.

온몸으로 웰컴

창립예배 드리기 한 달 전부터 전도지를 주변 상가와 아파트에 넣기 시작했다. 우선은 교회가 상가에 들어섰다는 것을 알리기 위해서였고 만남의교회는 이런 교회라는 것을 홍보하기 위해서였다. 물론 개척 전에는 함께 전도지를 넣을 만한 사람이 없어서 나와 아내가 시작했다. 아파트마다 돌고 또 돌고 돌았다. 그다음에 모든 차량에 차량번호 스티커를 꽂으며 교회를 알리기 시작했다. 전도지를 넣고 차량스티커를 꽂았던 것은 '지금 당장 사람들이 올 것이다'하는 어떤 기대감보다는 개척 준비를 철저히 했고, 이렇게 계속해서 전도지를 넣고 전도하면 '하나님이 사람들을 보내주실 것이다'하는 확신이 있었기 때문이다.

이렇게 해서 새가족이 등록되면 바나바사역팀[9]에서 바나바사역자와 1대1로 연결해준다. 사역자는 5주 동안 주 1회 이상 만나 주어진 교재를 가지고 함께 읽어나가면서 돌봄과 나눔과 교제를 나눈다. 사역자는 새가족이 소그룹 사역 기본 과정을 마칠 때까지 또는 소그룹 사역을 못하는 경우에 약 6개월 정도 찾아가기도 하고 전화로 통화하거나 만나서 돌본다.

상) 아파트 부침개 전도현장　　하) 새가족 환영식(년2회)

소그룹 사역 기본 과정은 각각 5주 과정으로 되어 있는데 양육반과 영성반, 그리고 교회론반으로 구성되어 있다. 이 과정을 체계적으로 이수한 사람과 이수하지 못하는 사람과는 확연한 차이가 있음을 임상을 통하여 알게 되었다. 그것은 이수한 사람은 구원의 확신을 분명히 갖고 시작함으로 크게 흔들리는 현상이 없는 반면 이수하지 못한 사람은 쉽게 흔들리고 떨어지는 경우가 많았다.

새가족이 교회에 와서 처음 등록서를 쓰면 광고 시간에 소개한 후 박수로 환영해 준다. 이때, 등록서를 쓰도록 강요하거나 재촉하지는 않는다. 등록이라는 절차에 의미를 두고 신중하게 결정하고 싶어 하는 경우가 많기 때문이다. 여러 회를 그냥 예배만 드리고 돌아가는 경우라도 항상 따뜻하게 인사해 주며 등록하겠다는 마음이 만들어질 때까지 인내하며 기다리는 것이 필요하다. 그렇게 해서 등록을 하고 나면, 예배 직후 인도자와 함께 특별히 예쁘게 꾸며진 VIP실(그릿 시냇가)로 안내받아 점심식사를 먹게 된다.

새가족이 VIP실에 들어서면 처음에는 마치 누군가의 집에 방문하여 거실에 들어온 것같이 멋스럽게 꾸며진 인테리어에 놀라게 된다. 그리고 내 집에 방문한 손님에게 귀한 것을 대접하듯 도자기와 크리스털 등의 찬기에 잘 차려져 있는 음식에 또다시 놀라고, 반가운 얼굴로 식사부터 후식까지 세밀하게 섬겨주는 새가족 안내 팀에게 또 한 번 감동을 하게 된다. 담임 목사와의 면담 시간은 따로 있지 않고 함께 식사하면서 자연스러운 대화로 긴장을 풀게 해주는 데 주력한다. 이때 장로들과 직분자 몇 명도 함께 식사하며 새가족을 환영하는 시간이 자연스럽게 이루어진다.

이렇게 식사를 하고 집에 돌아간 후 3일 이내에 담임 목사의 환영 문자 메시지로 다시 한 번 교회를 기억하게 하고, 일주일 안에 훈련받은 바나바 사역자가 정해져 바로 바나바 섬김이 시작된다. 이때 바나바 사역자의 역할은 매우 중요하다. 인도자는 대부분의 경우 새가족과 원래 아는 사이일 경우가 많아서 교회 공동체 안에서 새롭게 알게 된 사람이 자신을 챙겨주고 관계가 형성되어 친해질 수 있다면 교회 정착에 있어서 가장 탁월한 역할을 할 수 있다. 우리 만남의교회 바나바 사역자들은 바나바 사역에 관해 배운 이론을 실천하는 것에서 그치지 않고, 진심으로 친구 또는 가족과 같이 관심을 가지고 섬기는 일에 최선을 다한다. 그래서 정착한 새가족들에게 바나바 사역자에 대한 고마움과 감동은 오래토록 남아 있다.

매주 새가족을 환영하는 시간이 있지만, 1년에 두 번을 정해 "새가족 환영잔치"를 열어 각각 상반기와 하반기에 온 새가족들을 환영하는 특별한 시간이 있다. 이때 다시 한 번 교회 공동체 안에서 주인공이 되어 환영을 받고 섬김을 받음으로써, 교회에 대해 사랑하는 마음을 더 깊이 새길 기회가 된다. 또한 매 달 마지막 주 저녁에 열리는 "찬양페스티벌"은 새가족들로 하여금 교회 안에서 즐겁고 신이 나는 시간을 갖게 함으로써 정착률을 높이는데 일조한다.

그리고 새가족을 향한 온 성도들의 지속적인 관심을 갖게 하고 있다. 새가족을 향한 관심이 새가족팀과 바나바 사역자에게서만 그친다면 언급한 내용을 아무리 실현한다 해도 새가족의 높은 정착률을 바라는 것은 무리일 것이다. 그러나 온 교회 성도들 모두가 새가족을 환영하고 섬기며 따뜻한 배려와 사랑을 표현하기 때문에 새가족들은 항상 자신이 주목받고 있는 관심의 대상이 된다는 사실에 마음을 더 열게 되고, 스스로도 교회를 사랑하는 주체로 세워지게 되는 것이다.

또한, 성도들이 교회와 목사님을 향한 사랑과 관심이 가득하므로 어딜가나 긍정의 이미지로 맞이하고 관계하므로 이 모습을 접한 새가족들도 자연스레 교회에 대한 애착을 가지고 즐거운 신앙생활에 동참하게 된다.

새로운 장에서 시작

매주 금요일 저녁에 각 가정에서 모여 주일 예배 때 받은 말씀의 은혜를 나누며 찬양과 교제로 이루어지는 가정교회 모임 시간은 새가족들에게 따뜻한 소그룹 공동체의 참맛을 느끼게 해 준다. 물론 처음부터 가정교회에 바로 편성되지는 않는다. 주중에 시간을 따로 내야 하고, 가정교회라는 모임이 자칫 부담스러울 수 있기 때문이다. 처음에는 가정교회에 관하여 소개만 해 주고, 바나바 사역자와의 만남을 통해 어느 정도 마음이 열린 후 가장 적합할 가정교회를 선정하여 배정해 주는 것이다.

이렇게 배정되어도 가정교회에 참석하는 데까지는 시간이 걸릴 수 있다. 가정교회의 지도자인 가장과 총무는 항상 관심을 갖고 모임에 참석할 것을 권하며 기다려 준다. 새가족이 가정교회에 처음 참석하게 되는 날은 가정교회는 '새가족 환영파티'를 준비한다. 들어오는 입구부터 풍선 장식 등으로 꾸미고, 간단한 게임과 선물 등을 준비하여 모임에 처음 오는 새가족이 이 모임에서 환대받음을 느낄 수 있게 한다. 새가족들은 가정교회에 참여하면서 또 하나의 가족을 만난 듯 편안하고 즐거운 소그룹의 기쁨을 누리게 된다. 바나바 사역자의 섬김은 일정 기간이 지나면 끝나기 때문에 일시적일 수 있으나, 매 주 모이는 가정교회에서의 하나됨은 새가족이 교회의 한 구성원으로 정착하는데 결정적인 역할을 한다고 볼 수 있다.

든든한 가정교회 현장

뒷문을 막으소

새가족을 100% 정착시킨다는 것은 불가능한 일이다. 그러나 불가능하다고 포기해서는 안 된다. 하나님은 무에서 유를 창조하신 분이시기 때문에 언제나 하나님의 마음을 가지고 새가족을 맞이한다면 하나님은 반드시 정착될 수 있도록 도와주신다는 확신을 해야 할 것이다.

새가족을 정착시키는 과정에서 항상 성공했던 것은 아니다. 실패한 적도 있었다. 새가족을 정착시킬 바나나사역자를 세워서 만나게 하고 섬기도록 하는 과정에서 지나친 과잉 관심이 부담을 주어 떨어지는 일도 있었고, 너무나 느슨하게 섬겨줌으로써 놓치는 일도 있었다. 그래서 바나바사역만으로는 무언가 부족함을 느끼고 그들을 섬기며 그들과 함께 공동체를 이루고 싶어서 교회 안에 도입한 것이 가정교회 사역이다.

많은 교회가 새가족으로 등록되면 양육을 하기 위해 교회로 오라고 한다든지 성경공부를 하자고 하는 경우들의 사례를 들은 적이 있다. 그런데 그렇게 시작하면 실패할 확률이 높다. 새가족이 등록하면 우선 정착을 시켜야 한다. 이것이 가장 먼저 해야 할 과제이다. 새가족 정착이 되지 않았는데 교회로 오시라고 할 때 올 리가 없고 또 성경공부를 한다고 해도 하지 않을 가능성이 있는 것이다. 반드시 새가족을 정착시켜야 한다.

매년 2회 실시하는 새가족 환영회

그러면 어떻게 정착시켜야 하는가?

첫째, 담임목사의 의지가 중요하다. 담임목사가 새가족을 정착시켜야 한다는 강한 의지를 가지고 부교역자에게나 담당자에게 보여줄 때 비로소 새가족을 정착시킬 수 있는 분위기가 조성되는 것이다.

둘째, 양육과정으로 들어가기 전에 교회 안에 새가족을 섬기며 돌볼 수 있는 사역자를 발굴하여 훈련시켜야 한다.

새가족을 섬길 수 있는 사역자 역시 담임목사의 의지에 따라 방향이 달라진다. 교회 안에서 가장 본이 되고 열정이 있으며 책임감이 강한 사람들을 가장 선봉에 세우는 일이 매우 중요하다. 그런데 대개는 열심이 있고 책임감이 강한 사람들이 다른 분야에서 봉사하고 있음을 보게 된다.

새가족을 교회 안에 정착시키고 돌보는 일은 교회가 가장 중요하게 여겨야 할 분야이고 가장 중요한 사람이 배치되어야 할 일이다. 이 일은 담임목사가 직접 나서야 가능한 일이다.

셋째는, 새가족을 만나게 할 때 절대 빈손으로 가지 않도록 해야 한다. 그렇다고 아주 비싼 가격의 선물을 가지고 가도 부담감이 작용한다. 적당한 선에서 준비되어야 한다.

넷째는, 다양한 장소에서 만나도록 해야 한다. 한 번은 섬길 수 있는 사역자 집에서 초대 형식으로 만나 자연스럽게 대화가 이뤄져야 한다. 그런 다음 새가족 집으로 찾아가 차와 간단한 다과를 나누면서 관계를 형성해야 한다. 나아가 공공장소에서 만나든지 함께 쇼핑한다든지 하면서 관계를 형성해야 한다.

다섯째, 만나는 장소가 어디든지 간에 반드시 그날 나눠야 할 교재의 내용을 숙지하고 가야 한다. 그렇지 않으면 대화 자체가 이상하게 흘러가고 세상적인 대화 내용으로 이뤄질 가능성이 많기 때문이다.

여섯째, 반드시 보고서를 받아야 한다. 왜냐하면, 새가족에 대해서 알 수 있는 길이 없기 때문이다. 보고서를 작성하게 함으로 새가족에게 집중하게 되며 자세하게 기록해 줌으로써 목회자가 한눈에 파악할 수 있게 된다.

일곱째, 정기적인 새가족을 섬기는 사역자들의 모임을 가져야 한다. 이것은 굉장히 중요한 일이다. 만약에 모임을 갖지 못하면 새가족을 놓칠 가능성이 많다고 해도 과언이 아니다. 만나서 보고 듣고 기도하고 상황을 알고 있어야 한다.

요람에서 무덤까지

만남의교회 훈련 과정들을 도표를 통하여 자세하게 살펴보도록 하겠다. 왜냐하면 가정교회 목회가 원활하고 역동적으로 되기 위해서는 여기에 맞는 시스템과 과정이 절대적으로 필요하기 때문이다.

훈련생 입학식 선서

따라서 제 1단계 전도 과정에서부터 제 2단계인 바나바 사역을 통한 정착과정 제 3단계인 기본과정인 양육반과 영성반과 교회론반의 과정을 제시할 것이며, 제 4단계인 중급과정으로 성장반의 과정을, 그리고 제 5단계인 고급과정의 제자훈련과정과 제 6단계인 지도자 양성 과정을 살펴볼 것이며 제 7단계인 재생산 과정으로 가정교회가 편성되기까지와 마지막 8단계인 영성훈련 과정으로 기도 팀과 위탁교육 과정으로 이루어지는 영성훈련 과정을 도표를 통하여 구체적으로 제시하였다.

제 1단계 전도과정을 표<표 1>에서 보는 것처럼 반드시 전도부터 시작

■표 1_ 만남의교회 훈련 체계와 가정교회 : 1단계-전도

<table>
<tr><th colspan="5">1단계 전 도</th></tr>
<tr><th>구 분</th><th>명 칭</th><th>기 간</th><th>과 목</th><th>내 용</th></tr>
<tr><td rowspan="9">전도과정</td><td rowspan="5">생활 전도</td><td rowspan="5">3주</td><td rowspan="2">1과</td><td>전도의 문제점과 전도 훈련</td></tr>
<tr><td>생활전도란 무엇인가?</td></tr>
<tr><td rowspan="2">2과</td><td>전도인의 정신 자세</td></tr>
<tr><td>전도인의 전도 수칙</td></tr>
<tr><td>3과</td><td>생활전도 6단계</td></tr>
<tr><td>고구마 전도</td><td>3주</td><td colspan="2">개요 설명 및 현장 실습</td></tr>
<tr><td>빌립전도</td><td>12주</td><td colspan="2">위탁교육 및 전도 대원 양성</td></tr>
<tr><td>한 영혼 구원 잔치</td><td>8주</td><td colspan="2">춘계 전도대회</td></tr>
<tr><td>새생명 축제</td><td>12주</td><td colspan="2">대각성전도 집회 및 새생명 축제</td></tr>
</table>

되어야 함을 보여주고 있다. 1년 두 차례씩 봄에는 한 영혼 구원잔치를, 가을에는 대각성 전도집회 새생명축제를, 그리고 평소 때는 생활전도와 고구마 전도를 통해서, 그리고 12주 과정의 위탁교육인 빌립전도대학을 통해서 전도에 역점을 두고 있다.

제 2단계 정착과정은 표<표 2>에서 보는 것처럼 초신자와 기신자를 구분하여 정착시키고 있다. 초신자는 5주 과정으로 기신자는 3주 과정을 통하여 정착시킨다. 이 사역에는 바나바사역자가 전담하게 되고 새가족이 살고 있는 집과 교회, 그리고 주변 음식점 등을 이용하여 만남을 갖고 섬겨주면서 정착시킨다.

■표 2_ 만남의교회 훈련 체계와 가정교회 : 2단계-정착

2단계 정 착				
구 분	명 칭	기 간	과 목	내 용
정착과정	바나바사역	초신 (5주)	1과	만남의교회는 건강한 교회입니다
			2과	만남의교회는 소그룹중심의 교회입니다
			3과	만남의교회는 영광스런 주님의 교회입니다
			4과	만남의교회는 주일을 지키므로 행복한 교회입니다
			5과	만남의교회는 두 날개로 날아오르는 교회입니다
		기신 (3주)	1과	만남의교회는 특징이 있는 교회
			2과	만남의교회 비전과 목회철학
			3과	만남의교회는 두 날개로 날아오르는 교회

제 3단계 양육 과정을 표<표 3>에서 보는 것처럼 기본과정 3개 반으로 조직되어 있다. 양육반은 말 그대로 정착된 교인을 양육시켜 세례학교를 거쳐 세례를 받게 하고, 영성반에서는 영적인 과정들을 배워가는 과정이며 교회론반에서는 교회가 무엇인지를 알게 하여 교회를 사랑하고 교회를 통한 사역을 하게 함을 원칙으로 하고 있다.

■표 3_ 만남의교회 훈련 체계와 가정교회 : 3단계-양육

3단계 양육				
구분	명 칭	기 간	과 목	내 용
기본과정	양육반	5주	1과	소그룹 안에서 나는 누구인가?
			2과	하나님은 어떤 분이십니까?
			3과	예수그리스도는 어떤 분이십니까?
			4과	어떻게 구원을 얻습니까?
			5과	영적으로 왜 성장해야 합니까?
	세례학교	7주	양육반 수료 후 세례를 받기 위한 교육	
	영성반	5주	1과	성경은 어떤 책입니까?
			2과	성령은 어떤 분입니까?
			3과	예배는 무엇입니까?
			4과	기도는 무엇입니까?
			5과	어떤 준비를 하며 삽니까? (하나님 나라의 상급)
	교회론반	58주	1과	교회란 무엇입니까?
			2과	교회가 어떻게 세워졌으며 그 본질은 무엇입니까?
			3과	교회가 존재해야 하는 이유는 무엇입니까?
			4과	교회에 특별하게 주신 것은 무엇입니까?
			5과	교회를 분열시키는 이단은 무엇입니까?

제 4단계는 중급과정으로 성장하게 하는데 1차적인 목표가 있다. 12주 과정으로 진행되며 5단계를 가기 전 단계로써 제자훈련을 받게 준비하는 과정이다. 이 기간 동안에는 야외로 나가 활동하는 공동체훈련과 12주가 끝나갈 무렵 MT를 통하여 한 가족 공동체를 확인하는 과정으로 진행된다.

■표 4_ 만남의교회 훈련 체계와 가정교회 : 4단계-성장

4단계 성 장				
구 분	명 칭	기 간	과 목	내 용
중급과정	성장반	12주	1과	왜 소그룹사역인가?
			2과	구원의 확신과 불변
			3과	가장 놀라운 축복
			4과	승리의 삶을 사는 방법
			5과	자존감 처리법
			6과	영적성장과 성숙
			7과	예배의 본질과 목적
			8과	영적전쟁과 승리
			9과	섬김의 삶
			10과	드리면서 사는 사람
			11과	왜 사역을 해야 하는가?

■표 5_ 만남의교회 훈련 체계와 가정교회:5단계-훈련

<table>
<tr><th colspan="5">5단계 훈련</th></tr>
<tr><td rowspan="24">고급과정</td><td rowspan="24">제자반</td><td colspan="3">제1장 제자훈련 터 다지기</td></tr>
<tr><td rowspan="6">6주</td><td>1과</td><td>나의 신앙고백과 간증</td></tr>
<tr><td>2과</td><td>하나님과 매일 만나는 생활</td></tr>
<tr><td>3과</td><td>경건의 시간</td></tr>
<tr><td>4과</td><td>살아 있고 운동력 있는 말씀</td></tr>
<tr><td>5과</td><td>무엇이 바른 기도인가?</td></tr>
<tr><td>6과</td><td>기도의 응답</td></tr>
<tr><td colspan="3">제2장 아무도 흔들 수 없는 나의 구원</td></tr>
<tr><td rowspan="14">14주</td><td>1과</td><td>성경의 권위</td></tr>
<tr><td>2과</td><td>하나님과 매일 만나는 생활</td></tr>
<tr><td>3과</td><td>하나님은 누구신가?</td></tr>
<tr><td>4과</td><td>삼위일체 하나님</td></tr>
<tr><td>5과</td><td>인간의 타락과 그 결과</td></tr>
<tr><td>6과</td><td>예수 그리스도의 죽음</td></tr>
<tr><td>7과</td><td>예수 그리스도의 부활</td></tr>
<tr><td>8과</td><td>약속대로 오신 성령</td></tr>
<tr><td>9과</td><td>거듭난 사람</td></tr>
<tr><td>10과</td><td>믿음이란 무엇인가?</td></tr>
<tr><td>11과</td><td>의롭다함을 받은 은혜</td></tr>
<tr><td>12과</td><td>우리 안에 계시는 성령</td></tr>
<tr><td>13과</td><td>그리스도인의 성화</td></tr>
<tr><td>14과</td><td>예수 그리스도의 재림</td></tr>
</table>

과정	반	기간	과	내용
		제3장 작은 예수가 되라		
고급과정	제자반	12주	1과	순종의 생활
			2과	봉사의 의무
			3과	그리스도를 증거하는 생활
			4과	말의 덕을 세우는 사람
			5과	영적 성장과 성숙
			6과	순결한 생활
			7과	그리스도인의 가정생활
			8과	신앙 인격의 연단
			9과	그리스도인의 주재권
			10과	청지기직
			11과	영적 전투
			12과	새 계명 : 서로 사랑하라

제 5단계는 <표 5>에서 보는 것처럼 고급과정으로 예수님의 제자를 만들어내어 그들로 하여금 사역하게 하는 과정이다. 평신도 지도자는 반드시 이 과정을 통하여 만들어지고 있으며 일부 제자훈련을 마친 분에게도 전인적인 가정교회 가장과 총무를 맡고 있고, 모든 소그룹 사역의 회장들이나 팀장, 그리고 대표성을 지닌 분들이 이 과정을 밟는다.

제 6단계는 <표 6>에서 보는 것처럼 전인적인 사역을 하게 하는 가정

■표 6_ 만남의교회 훈련 체계와 가정교회 : 6단계-지도자 양성

<table>
<tr><th colspan="5">6단계 지도자 양성</th></tr>
<tr><td rowspan="27">지도자 과정</td><td rowspan="27">사역자반</td><td colspan="3">제1장 성령 새 생활의 열쇠</td></tr>
<tr><td rowspan="6">6주</td><td>1과</td><td>정죄는 끝났다</td></tr>
<tr><td>2과</td><td>영의 생각을 하는 사람</td></tr>
<tr><td>3과</td><td>몸의 행실을 죽이는 사람</td></tr>
<tr><td>4과</td><td>고난과 영광을 함께 받는 후사</td></tr>
<tr><td>5과</td><td>확실한 두 가지 보증</td></tr>
<tr><td>6과</td><td>아무도 끊을 수 없는 관계</td></tr>
<tr><td colspan="3">제2장 교회와 평신도의 자화상</td></tr>
<tr><td rowspan="9">9주</td><td>1과</td><td>교회가 무엇인가?</td></tr>
<tr><td>2과</td><td>교회의 존재이유(1) : 예배</td></tr>
<tr><td>3과</td><td>교회의 존재이유(2) : 훈련</td></tr>
<tr><td>4과</td><td>교회의 존재이유(3) : 증거</td></tr>
<tr><td>5과</td><td>제자의 자격(1) : 전적 위탁자</td></tr>
<tr><td>6과</td><td>제자의 자격(2) : 증인</td></tr>
<tr><td>7과</td><td>제자의 자격(3) : 종</td></tr>
<tr><td>8과</td><td>몸의 지체와 상호 사역</td></tr>
<tr><td>9과</td><td>당신의 왕 같은 제사장</td></tr>
<tr><td colspan="3">제3장 소그룹 환경과 리더십</td></tr>
<tr><td rowspan="7">9주</td><td>1과</td><td>소그룹 성경공부의 교육환경</td></tr>
<tr><td>2과</td><td>소그룹 성경공부와 리더쉽</td></tr>
<tr><td>3과</td><td>소그룹 성경공부의 인도법</td></tr>
<tr><td>4과</td><td>귀납적 성경공부의 실제(1) : 관찰</td></tr>
<tr><td>5과</td><td>귀납적 성경공부의 실제(2) : 해석</td></tr>
<tr><td>6과</td><td>귀납적 성경공부의 실제(3) : 적용</td></tr>
<tr><td>7과</td><td>다락방 교재 인도법</td></tr>
</table>

<table>
<tr><td rowspan="16">지도자
과정</td><td rowspan="16">사역자반</td><td rowspan="2"></td><td>5과</td><td>소그룹 지도법 전습과 평가</td></tr>
<tr><td>6과</td><td>소그룹 지도법 실습과 평가</td></tr>
<tr><td colspan="3">제4장 신구약 성경의 파노라마</td></tr>
<tr><td rowspan="13">13주</td><td>1과</td><td>세 단어(또는 여덟 단어)로 된 성경</td></tr>
<tr><td>2과</td><td>구약성경에서의 열두 시대</td></tr>
<tr><td>3과</td><td>지도로 그려보는 구약성경</td></tr>
<tr><td>4과</td><td>구약성경 각권의 주제(1)</td></tr>
<tr><td>5과</td><td>구약성경 각권의 주제(2)</td></tr>
<tr><td>6과</td><td>구약성경 각권의 주제(3)</td></tr>
<tr><td>7과</td><td>구약성경 각권의 주제(4)</td></tr>
<tr><td>8과</td><td>소그룹 지도법 전습과 평가</td></tr>
<tr><td>9과</td><td>소그룹 지도법 실습과 평가</td></tr>
<tr><td>10과</td><td>지도로 보는 사복음서</td></tr>
<tr><td>11과</td><td>지도로 보는 사도행전과 서신서</td></tr>
<tr><td>12과</td><td>신구약 각 권의 주제(1)</td></tr>
<tr><td>13과</td><td>신구약 각 권의 주제(2)</td></tr>
</table>

교회 총 리더자를 육성하고 훈련하여 가장과 총무를 맡게 하는 과정이다. 가정교회의 가장 중요한 몫은 리더자이다. 훈련된 리더자를 만들어 내는 과정이 바로 사역훈련이다. 이 사역훈련과정을 통하여 가정교회 가원들을 섬기며 돌보게 하고 있다.

■표 7_ 만남의교회 훈련 체계와 가정교회 : 7단계-가정교회(재생산)

7단계 가정교회(재생산)			
동역자	가장과 총무	매주	가정교회 섬김을 위한 교육

제 7단계 <표 7>에서 보는 것처럼 재생산 과정인 가정교회는 두 날개로 비상하는 교회를 말할 때 한쪽 날개인 셈이다. 대그룹 예배와 소그룹 가정교회는 균형을 이루면서 교회가 나아가야 한다. 가정교회는 일시에 조직되었다가 없어지는 과정이 아니고 지속적이고 영구적인 과정이다. 따라서 가정교회는 분가를 통하여 재생산되고 또 재생산되는 과정이다.

■표 8_ 만남의교회 훈련 체계와 가정교회 : 8단계-기도 및 영성 훈련

8단계 기도 및 영성훈련			
기도 팀	예배기도	7주	예배와 청중 및 설교자를 위한 기도
	중보기도		성도들과 교회를 위한 기도
	목회기도		설교자를 위한 기도
영성훈련	사랑의동산	3박4일	위탁훈련 (섬김)

제 8단계는 <표 8>에서 보는 것처럼 기도 및 영성훈련 과정인데 교회적으로도 매우 중요하게 여기는 과정이다. 기도가 죽어 있는 교회는 살아 있다는 말을 듣지 못한다. 일상적인 기도회 운영 말고 조직적인 기도

팀을 통하여 기도하게 하고 영성훈련 강화에도 심혈을 기울이고 있다. 이것은 일종의 섬김 훈련 과정으로써 주님이 이 땅에 오신 목적과도 부합되는 과정이다. 섬김의 훈련이 되어 있지 않고서는 지도자나 회장, 그리고 팀장들을 맡기에 어려움이 따르기 때문이다.

■ 소그룹 사역과 가정교회

새가족이 교회를 다니기 시작하면 소그룹 사역 중 기본과정인 양육반과 영성반, 교회론반을 통해 신앙의 기초를 다질 수 있다. 구원의 확신을 얻을 수 있는 양육반과 성경과 기도와 예배, 성령과 하나님 나라 등에 대한 신앙생활의 실제를 배울 수 있는 영성반, 그리고 교회에 대한 본질적인 내용을 깨달을 수 있는 교회론반의 시간은 새가족들로 하여금 신앙생활을 시작하는데 큰 도움을 준다. 특별히 초신자의 경우 양육반을 가장 우선으로 권하고 있다. 양육반을 통해 하나님의 창조 원리, 예수 그리스도의 십자가와 부활에 관하여 알 수 있으므로 막연하게 다니게 된 교회생활에서 주님을 믿는 신앙생활의 첫걸음을 잘 딛게 도와준다.

만남의교회는 특별히 이 양육반을 거쳐야만 세례학교를 입학하여 세례를 받을 수 있는 자격이 주어지기 때문에, 초신자들은 모두 이 과정을 통해 구원의 확신을 얻을 기회를 갖게 된다. 또한 각 과정이 5~6주 정도의 너무 길지 않은 기간으로 짜여 있고, 함께 하는 구성원과의 관계가 형성되기 때문에 꾸준히 교회를 나올 수 있게 하는 동인이 되기도 한다.

상) 사역훈련 3기 졸업식　하) 사역훈련 1~2기 졸업식

이렇게 소그룹 사역 기본과정을 거치다 보면, 어느덧 신앙이 점차 두터워져서 새가족의 정착을 넘어 교회의 일꾼으로 쓰임 받고자 하는 경우도 많아졌고, 그들이 주중 금요일에 모이는 가정교회 구성원으로서 참여하게 한다.

과거 소그룹의 기본과정 없이 가정교회에 편성시켜 본 경험이 있는데 많은 경우 가정교회에 참여하지 않는 경우를 보아 왔다. 이유는 소그룹의 필요성과 중요성, 그리고 초대가정교회의 흐름이나 교회 본질을 잘 알지 못한 결과였다. 따라서 소그룹의 성경적이고 신학적인 근거들과 가정교회의 중요성을 소그룹사역 기본과정을 통하여 숙지하게 하고 가정교회에 참여시켰더니 놀라운 결과를 가져왔다.

■가정교회 지도자 재교육과 워크숍

나는 가정교회 지도자인 가장과 총무들과 모임을 정기적으로 갖고 있다. 앞에서 제시한 것처럼 소그룹 사역의 기본과정과 중급과정 그리고 섬김의 훈련인 사랑의 동산이나 공인된 뜨레스디아스(운영해 나가는 목사들의 교단 소속이 아주 분명하고 인정된 T.D.)를 체험하고 제자훈련과 사역훈련을 수료한 자로 하여금 가장과 총무로 임명하여 사역하게 하고 있다. 그런데, 고민이 있다. 첫째는 '훈련된 사람을 어떻게 계속 훈련할 수 있을까'였고, 또 하나는, 지도자들이 어떻게 영성과 지성이 떨어지지 않게 할 수 있는 가였다.

경험적으로 볼 때 아무리 훈련된 사역자라도 계속 훈련하지 않으면 탈진 상태에 빠져 사역의 열매가 나타나지 않을 뿐 아니라 사역자 자신도 침체하고 그가 속한 공동체에 유익을 주지도 못하는 사실도 발견했기 때문이다.

오늘날 영적 지도자들에게 아쉬운 것 3가지를 든다면 사람을 훈련하지 않는 것, 훈련된 사람에게 사역 현장을 제대로 마련해 주지 않는 것, 또 사람을 계속해서 지속적으로 훈련시키지 않는다는 사실이다.

스티븐 코비가 지적한 것처럼 거위에게서 황금알만 얻으려 하지, 황금알을 계속 낳을 수 있는 자원을 공급해 주지 않고 있는 것이 문제인 점이다. 즉, 생산(Production)과 생산 능력(Production capability)이 균형을 이루고 있지 않다는 것이다.[10] 사역자들에게 사역만 맡겨 놓고 계속적인 돌봄과 섬김, 그리고 자원을 공급해 주는 일을 소홀히 하며 방관한다면 어찌되겠는가?

잠깐! 당신은 어떠한 지도자인가?

- 사람을 훈련하지 않는다 □
- 훈련된 사람에게 사역현장을 열어주지 않는다 □
- 사람을 지속적으로 훈련시키지 않는다 □

■주일 오후의 재교육

만남의교회는 지속해서 평신도 사역자들을 섬기고 지도하고 훈련하는 일에 목회의 에너지를 70~80%를 투자한다. 또한, 사역자 재교육을 위하여 오후 찬양예배 시간을 생략하였다. 대신 수요 집회를 수요찬양과 예배로 드리고, 월 1회 찬양예배를 100% 찬양으로만 예배를 드리고 있다. 찬양예배도 중요하지만, 더 중요한 것은 사역자들을 지속해서 교육하고 섬기며 서로 관계를 갖는 것이기 때문이다. 즉, 최선의 것을 위해 차선의 것을 포기함으로써 사역자 재교육을 위한 충분한 시간을 확보한 셈이다.

어떤 교회들은 사역자 재교육 시간을 갖지 않거나, 공 집회 모임 후에 잠시 갖거나, 격주 또는 월 1회 정도 갖는 것을 볼 수 있다. 이렇게 하는 이유는 교회가 다른 일로 분주해서 시간이 없다는 것이다. 여기에 상당한 문제가 있다고 본다. 사역자들의 재교육 또는 계속 교육은 다른 어떤 모임이나 회의보다 중요하므로 시간을 충분히 가져야 한다. 시간을 충분히 가질 때 에너지를 공급받을 수 있으며 영적 지도자와의 관계나 사역자 간의 관계도 깊어진다. 이 시간을 통해 사역자 모두가 같은 비전을 공유하고, 같은 방향을 향해 함께 달려가고 있음을 경험할 수 있다. 만남의교회는 사역자들의 재교육을 매 주일 오후에 갖고 있는데 전체 소요 시간은 2시간에서 2시간 30분 정도이다.

가정교회가장 총무 재교육 장면

중보기도학교의 야외수업

■재교육을 위한 지속적인 충전

사역자 재충전의 시간은 주일 오후이다. 나는 주일 오후 시간임에도 이 시간을 기다리고 있으며 다른 여타의 업무와 중복이 되더라도 이 시간만큼을 확보하기 위해 많은 노력을 하고 있다. 그리고 이곳에 모이는 분들은 대다수 가정교회를 운영하고 있는 평신도 지도자들이기 때문에 이들에 대한 충전과 도전과 위로와 격려를 해야 한다.

1부는 경배와 찬양의 시간으로 평신도 사역자를 세워서 선곡하게 하고 약 20분 정도 주로 사명과 헌신에 관계된 찬양을 부른다. 사역자들만이 주님께 드리는 헌신의 노래가 얼마나 은혜롭고 좋은지, 그런 감격의 도가니를 체험하는 것이야 말로 가르치는 어떤 교육보다 더 크다고 본다. 그다음에는 가정교회를 진행해 나가는 가장이나 총무들이 돌아가면서 합심기도회를 진행한다. 미리 작성된 기도 제목들을 적어 와서 알려준 다음에 합심기도회를 가진다. 그 다음 순서는 낮 예배 때 선포된 담임목사의 설교를 듣고서 은혜 받은 내용이나 감동들을 서로 나누면서 교제하는 시간을 가진다. 이 시간은 담임목사가 직접 인도하며 성령님의 임재를 가장 사모하는 시간이기도 하다.

2부는 대략 한 시간 정도 사역자들의 자질 향상과 진보를 위해 필요한 것들을 공급해 주는 시간을 가진다. 각 주별 테마별로 주제를 선정한 다음에 신앙에 도움이 되는 책을 읽고 느낀 점을 서로 교환하기도 하고, 가정교회 안에서 일어난 기쁜 사연들을 서로 나눔으로써 지도자들의 지친 피로를 덜어준다. 그리고 담임목사가 직접 강의하기도 하고 다른 지도자나 평신도 사역자를 세워서 강의를 듣기도 한다. 내용은 주로 지도자론, 소그룹 목회, 전도전략, 의사소통, 리더십, 멘토링, 상담, 인간관계론, 성격 검사 또는 심리검사, 공동체훈련 등 다양한 강의이다. 3개월에 1회 정도는 주제를 주어 외부 강사의 특강을 듣기도 한다. 때로는 이 시간에 사역자들끼리 소그룹을 형성해서 나눔 및 기도회 시간을 가진다. 이때 사역자들은 하나님의 임재와 역사를 많이 경험하는 것 같다. 서로의 나눔을 통해서 사역하면서 힘든 일을 해결 받기도 한다.

3부는 가정교회에서 가르칠 성경공부를 20분 정도 가르쳐 준다. 이 공부는 주일 낮 설교를 성경공부 교재로 만들어 홈페이지에 올리고 일부는 가장들에게 나눠주기도 한다. 여기서는 가르칠 수 있도록 골격만을 교육한다. 그리고 분기별로 지도자들을 네 개조로 조직하여 조별 워크숍을 열고 있다. 이 조별 워크숍을 통하여 문제를 제공하고 토론하여 집약된 내용을 가정교회 운영과 지도자 모임에 반영하고 있다.

나는 이 시간이 너무 좋아서 한국교회 목회자들이 이러한 귀한 시간을 갖지 않는 것에 대해 많은 아쉬움을 갖고 있다. 만남의교회 소그룹 사역의 역동성은 바로 주일 오후 이러한 시간이 있기 때문이라고 자신 있게 말하고 싶다.

가정교회에서는 자녀에 대한 배려가 있어야 한다. 따라서 가정교회에서는 자녀를 함께 모이도록 해서 그들 가운데 형제 의식을 느끼게 하고 있다. 한 가지 아쉬운 점이 있다면 자녀를 돌볼 사람이 필요하다는 것이다. 경험상 가정교회 내에서 한 사람을 지목하여 자녀를 돌보게 했더니 좋은 점도 있고 좋지 않은 단점도 있었다. 좋은 점은 가원 전체가 아이들의 방해를 받지 않아서 좋지만 좋지 않는 점은 돌보는 사람이 참여하지 못한다는 점이다. 앞으로 대안이 있다면 아이들만 따로 교회 안에서 돌보게 하는 것도 좋겠다는 생각이다. 그리고 가정교회의 가장 중요한 관심은 가정교회 안으로 향해 있는 것이 아니라, 세상을 향해 있다. 그러므로 가정교회는 관계를 중심으로 전도의 폭을 넓혀가야 한다. 또한, 어른 12명을 기점으로써 재생산해야 한다. 재생산할 때의 원칙은 기존의 가장이 개척해 나가는 방법이 원칙인데 때로는 담임목사의 조언을 참고한다.

중국 속담에 '사람이 귀로 듣기만 하면 잊게 되지만(what I hear, I forget), 눈으로 보는 것은 기억이 되고(what I see, I remember), 손수 해 보면 이해가 되고(what I do, I acquire) 남에게 가르쳐 보면 파악이 된다(what I teach, I master)'는 말이 있다.[11)]

상) 가장 총무 특송1　　하) 가장 총무 특송2

만남의교회 사역자들은 교육을 통해서 듣게(hear) 하고 선배 사역자나 동역자를 통하여 보게(see) 하고 사역 현장에서 직접 인도하거나 가르쳐 경험하게 하여 이해(acquire)와 파악(master)이 되게 하고 있다.

예비 사역자인 경우는 가정교회에서 월 1회 정도 성경공부나 나눔을 인도하도록 기회를 준다. 월 1회 지도자 모임에 참석하여 사역자들의 재교육 현장을 보게 한다. 또 다른 가정교회를 탐방하여 자신의 가정교회의 부족한 부분을 발견하게 한다.[12] 그리고 가정교회에서도 리더가 중요한 부분을 함께 의논하게 함으로써 지도력을 향상 시키고 있다. 이러한 사역이야말로 사역자들을 영적으로 재무장시키고 성숙게 하는 일에 최고의 기회라고 생각된다.

소그룹 사역을 하면서 목회자로서 가장 힘든 부분이 있다면 평신도 사역자들이 사역하면서 지쳐있는 모습을 볼 때이다. 목사 역시도 이러한 상황에 빠질 때가 종종 있다. 그러나 사역자와의 개인적인 만남과 교제를 통해서 이러한 부분들이 서로 회복되는 경험을 많이 하고 있다. 특히 주일 저녁 시간은 언제든지 평신도 사역자들 한 가정 혹은 두 가정을 만나 식탁 교제의 시간을 가진다. 조용히 대화할 수 있고, 분위기 좋은 식당에서 미리 약속하여 만난다. 약간의 원칙이 있는데 최근에 힘들어하는 사역자들부터 만난다. 이때 저녁 식사는 당연히 담임목사가 대접한다. 식사하고 차를 들면서 서로 삶을 나누며, 사역 이야기로 꽃을 피운다. 사역하면서 보람되고 행복한 이야기, 기도제목들과 힘든 이야기 등을 나누다 보면 어느새 서로 위로와 격려를 한다. 이것만큼 사역자 재교육에 효과적인 방법은 없는 것 같다. 혹, 효과적이지 못하다 해도 이러한 만남은 담임목사와 평신도 사역자와의 관계에서 꼭 가져야 할 것이다.

가장·총무 수련회나 년 초 지도자세미나, 금요연합기도회, 지도자 선교여행,[13] 세미나 등을 통해서 사역자들이 재충전을 받는다. 이러한 행사가 이루어질 경우 경비는 교회에서 거의 100% 내지는 50% 지원한다. 이러한 기회에 공동체의 정체성, 방향성도 확고히 다져지고 사역자들이 하나님나라와 그 사역에 대한 긍지와 자부심도 증대되는 것을 경험할 수 있었다.

가장, 총무 선진교회 탐방 모습

제자훈련 졸업 간증문

제자훈련 8기 ○○○

성장반을 마치고 많은 시간이 흘러 제자훈련을 사모하고 기다리는 중에 8기 모집광고를 듣게 되었습니다. 그동안 훈련받은 선배님들의 권유도 있었고 기도로 준비하면서 기다렸습니다. 드디어 예비모임을 갖고 제자훈련을 해야 하는 이유를 들으며 모든 준비를 하여 시작하게 되었습니다.

저를 적절한 시기에 훈련을 받게 하심이 하나님의 계획에 있었다는 것을 알았고, 또 큰 뜻이 계시리라는 생각을 하며 임했습니다. 제자훈련 속에서 더 성숙한 길로 가게 하시고 모든 공동체의 일을 감당하게 하심과 하나하나 세상 것들을 멀리하게 하신 것만 보고도 계획 아래였음을 알았습니다.

하나님 품으로 마음을 돌려주심을 경험했고 긍정적이며 적극적으로 모든 사명을 감당하게 하신 사랑을 또한 맛보았습니다. 1년이 넘는 시간을 값없이 주신 사랑으로 누리게 하시며 하나님의 사랑으로 이웃들을 또 보게 하셨습니다. 사랑으로 참으며 온유와 인내로 삶을 지배해 가시는 아버지 하나님의 은혜를 맛볼 수 있었으며, 그 은혜로 평강과 평화가 넘쳐났습니다.

하나님께서 주신 은혜를 누리며 한 주 한 주 성령 충만한 가운데 보내게 되었지만, 이 훈련 중에 시험이 찾아왔습니다. 주위 사람들이 적당 적당히 하고 놀자 여행가자 하는 많은 유혹이 참 힘들었습니다. 이 훈련을 앞에 놓고 준비하고 결심하고 또 결심하고 시작했지만 주님의 제자의 길은 쉽지만은 않은 길이었습니다. 저 나름대로 많은 준비로 시작했다지만 그 동안의 신앙생활의 습관이 큰 걸림돌로 부담감으로 찾아왔습니다.

한 발은 세상에, 또 한 발은 교회로 양다리를 걸치고 있는 저의 모습부터 깨어져야 함이 힘이 들었습니다. 마음에 갈등이 생기고 다짐했던 마음들이 조금씩 조금씩 흔들리기 시작하여 제자훈련을 소홀히 하게 되었던 때도 있었습니다.

어느 정도 세상 속에 다시 빠져들어 있을 무렵 목사님께서 "목사 닮지 말고 예수님 닮아가라는 말씀과 우선순위를 먼저 잘 정하여 지키라"고 하시면서, "할 수 있다"라고 격려하셨습니다. 직접 제자훈련에 우선순위를 두시고 이끌고 가셨습니다.

정신이 번쩍 들었습니다. 그리고 하나님 앞에 무릎을 꿇었습니다.

"그래 난 예수님 닮아가는 제자훈련을 받고 있는 훈련생인데 이게 뭐지?"하고 저를 다시 한 번 점검하게 되었습니다. 너무 어리석은 생각과 행동이 가슴을 아프게 했습니다.

처음 시작하는 그 시간 그 마음으로 그 각오로 다시 한 번 도전하겠다는 다짐으로 성경읽기를 비롯해서 하나하나씩 해 나갔습니다. 하나님께서는 더 큰 은혜로 채워주셨습니다. 이런 하나님을 섬겨나가는 저는 참 행복한 사람이라 여겨집니다.

제자훈련을 통해 예수님을 더 깊숙이 만났고 세상 살아가는 삶을 하나님 쪽으로 돌려놓을 수 있었고, 예수님의 제자로서 섬김과 봉사를 기쁜 마음으로 할 수 있는 변화를 가져왔습니다. 제 성격 때문에 공동체에 적극적인 참여를 하지 못한 부분도 해결을 받았고 언제나 긍정적으로 적극적으로 모든 일들을 할 수 있게 변화시켜주신 하나님께 영광을 드립니다.

사역 훈련 간증

사역훈련 1기생 ○○○ 권사

사역훈련을 받겠다고 했지만 두려운 마음과 함께 갈 수 있을까 하는 나약한 생각을 접고 내 생애 마지막 말씀을 배우는 길이라 생각하며 도전에 임했습니다.

젊은 권사님들과 집사님들의 기를 받아서인지 결석 없이 은혜 속에 졸업한다는 기쁨이 나를 행복하게 했습니다. 내 마음 안에 세상 그 누구도 빼앗아 갈 수 없는 진리의 보물이 가득히 채워져 있어 부자가 되었답니다. 세상 보물을 담았다면 잃을까 봐 조바심 속에서 살아가겠지만 내 안에 주님이 주신 진리의 보물은 퍼주고 또 퍼주어도 영원히 마르지 않는 말씀의 생수의 강이 흐르고 있기 때문입니다.

제자훈련과 또 다른 말씀의 진국을 마음껏 마실 수 있었던 시간들이었습니다. 내가 깨닫지 못했던 것들을 서로의 나눔 속에서 공감이 형성되고 깨달아지면서 말씀 속에서 새로 태어나는 저 자신을 보며 너무 행복했습니다. 아침에 유치원 보내는 두 손자와 시간 다툼을 하며 훈련에 임할 때는 힘들 때도 있었지만 믿음의 영성이 깨어나는 순간순간을 경험할 때 기쁨과 감사가 내 안에 천국을 만들어 주었습니다. 말씀 속에서 육신의 생각은 깨어지고 항상 영의 생각으로 바꾸어 주신 하나님께 감사드립니다.

우리 교회가 특권만 알고 소명을 모르는 절름발이 교회로 만들지 않으려고 지금까지 훈련을 통해 모든 열정을 다해 가르치시는 목사님, 그 훈련 속에서

이기적인 내 자아가 교만이 깨트려 질 때마다 주님은 겸손의 옷을 입혀주셨습니다. 언제나 내 생각이 앞서 갈 때마다 말씀을 통하여 나를 돌아보게 하신 하나님. 예배가 우리의 삶이 되기를 바라시는 하나님께 예배만 잠깐 드리고 모든 삶이 세상과 맞추어 사는 어리석은 자는 되지 않을 것입니다.

우리는 맛을 내고 부패를 막아주는 소금이지만 우리가 예수님 명하신 것을 행하지 않을 때 이미 소금은 제 맛을 잃어버렸다고 합니다. 또한, 좋은 희생을 각오하고 기꺼이 다른 사람들의 필요를 채우는 마음이라 합니다. 부족하지만 세상을 향한 소명자로 맛을 내는 소금으로 섬기는 종으로 다시 태어나는 삶이 되겠다고 굳게 다짐해봅니다.

성경 파노라마를 통하여 많은 것을 배우고 말씀의 뜻을 깨달았으며 짧은 시간동안에 우리 영혼이 살이 찌고 충만하게 넘치도록 채워주신 하나님을 경험했습니다. 영의 눈을 열어 보게하시고 마음을 열어 진리를 깨닫게 하신 하나님의 은혜였습니다.

하나님의 영이 내 안에 있으므로 하나님의 법에 굴복하며 사탄이 좋아하는 불신의 열매를 맺지 않을 것이며 순종의 열매로 하나님의 기쁨이 되겠습니다. 내 안에서 활동하시는 성령님을 통해 항상 적극적이고 긍정적인 사역자(지도자)로 다시 태어날 것입니다.

몸을 아끼지 않으시고 뜨거운 열정을 다 쏟아 가르쳐주신 목사님과 기도로 후원해주신 기도 동역자, 이미정 권사님, 성도님들과 시간마다 힘을 실어준 사역훈련생 모두에게 감사드리며 모두 모두에게 주님의 변함없는 사랑을 한 아름씩 안겨드립니다.

Design 4

가정교회 디자인 Zoom in

나는 평신도들의 활약을 보면서 목회에 역동성을 가지게 되었다. 그들의 충성심과 열정과 헌신은 많은 이들을 감동케 하였다. 그럼으로써, 성도들 서로 간의 깊은 관계가 형성되고 평신도 사역 중심의 교회로 세워지게 된 것이다.

가정교회는 완전한 지역교회로써 가정의 어른들과 자녀까지를 전부 포함하기 때문에 단순히 교회 건물에서 드리는 예배의 축소판으로 생각해서는 안 된다. 나는 그런 오해를 받지 않기 위해서 사도행전 2:42-46에 나타난 초대 가정교회를 재현하기 위해 부단히 노력해 왔다. 그리고 시행착오를 수없이 겪어 왔다. 따라서 초대교회를 그대로 재현하고자 하는 것이 바로 가정교회이다. 나는 이런 가정교회를 통하여 너무나 많은 유익을 얻었다. 특히 새가족 정착과 양육에 있어서 너무나 많은 유익을 얻었다. 또한, 평신도들을 최대한 활용하여 그들로 하여금 목회하게 하는 평신도 극대화를 가져올 수 있었으며 건강한 가정으로 회복하는 놀라운 결과를 가져왔다.

■ 새가족 정착과 양육

만남의교회는 새가족들을 정착시키는 바나바사역자를 준비해 놓고 있다. 32명의 부부바나바 사역자와 남, 여를 구분한 사역자까지 32명이 활동하고 있다. 이들은 주일마다 전도되고 등록되는 한 사람 한 사람을 정착시켜나가고 있는데 정착률이 높을 때는 80% 이상(2010년 12월 말 현재) 정착시키고 있다. 그리고 확실한 양육이 이루어지고 있다.

20년 전만 해도 한국교회는 새가족의 정착보다는 전도에 모든 초점이 맞추어져 집중하는 분위기였다. 그러나 이제는 앞문으로 들어오는 새가족의 수만큼이나 뒷문으로 나가는 새가족의 수를 줄이는 것도 중요하다는 것을 모르는 교회가 없을 정도로 새가족 정착은 모든 교회의 주요 관심의 대상이 되었다. 왜냐하면 새가족을 얼마만큼 정착시키느냐가 진정한 교회 성장의 여부를 결정하기 때문이다.

그러나 현실은 새가족의 정착이 그렇게 쉽지 않다는 것이다. 새가족 중 초신자의 경우 대부분 인도한 사람의 간절한 기도와 전도로 인한 오랜 노력의 결실로 교회에 첫발을 내딛게 되는 경우가 많다. 그러나 사실 그만큼 쏟아 부은 노력의 가치와는 상관없이 교회에 정착하여 꾸준히 성도로서 신앙생활을 하는 경우는 그리 많지 않은 것이 한국 교회의 현실이다. 또한, 이사나 지교회에서 상처를 받아 교회를 수평 이동한 경우에도 새로운 교회를 정하여 마음을 붙이고 정착한다는 것은 쉽지 않은 일이다.

그 이유를 찾아본다면 많은 교회가 새가족 정착의 중요성은 알면서도 새가족의 입장을 이해하고 섬기는 부분에서 취약점을 보이는 것을 꼽을 수 있겠다. 새가족이 처음 교회라는 공동체에 들어가는 것은, 마치 방금 결혼한 새 며느리가 시댁에 들어가는 것과 같이 긴장되고 불편한 자리일 수 있다. 그러나 새가족들에게 기존 신자들의 기준과 습관을 따라오라는 식으로의 접근은 오히려 새가족들을 더 적응하지 못하고 교회를 떠나게 만드는 요인이 되는 것이다.

매년 교회에서 실시하는 전도 행사와 평소 지인 전도를 통해 등록하는 새가족들이 뒷문으로 빠져나가지 않고 잘 정착만 해준다면 어느 교회든 자연적으로 성장할 수 있다고 해도 과언이 아니다. 그만큼 새가족의 정착은 교회 성장에 필수불가결한 요인이라는 말이다.

우리 만남의교회는 이러한 새가족 정착의 중요성을 누구보다도 크게 여기고 개척 이후 지금까지 동일하게 새가족이 교회에 와서 편안함을 느끼고 정착하여 신앙생활을 할 수 있도록 돕는 데 주력하고 있다. 새가족을 정착시키는 프로그램들은 많은 대형교회의 사례들로 이미 세상에 알려진 것이 많을 줄 안다.

새가족을 정착시키는 사역자들

그러나 진정한 정착의 비결은 무엇보다도 건강한 교회 공동체의 모습이 아닐까 한다. 성도들 모두가 교회를 사랑하고 내 집처럼 아끼고 섬기는 모습에서 교회를 찾는 새가족들은 마음을 열게 되고, 이 교회가 내 교회라는 마음을 갖게 된다.

■ 평신도 사역 극대화

우리 교회에서는 제자훈련 사역을 통하여 평신도 지도자들을 배출하였다. 그렇다면 평신도란 누구인가? 먼저 신학적인 차원에서 간략하게 살펴보겠다.

평신도란 말 '라이코스(laikos)는 3세기 이후에 처음 교회 문헌에 나타난다. 라이코스라는 말은 신약 성서에 전혀 사용되지 않는다. 이 단어를 가장 먼저 사용한 사람은 로마의 클레멘트였다. 그는 신분적 계급적 의미가 아니라 장로들이 그 기능을 박탈당한 상황에서 예배 때에 평신도의 위치를 묘사하는 맥락에서 사용하였다. 그 후 알렉산드리아의 클레멘트와 터틀리안에 의해 다시 사용되었다.[1)] 본래 평신도라는 말은 "선택된 하나님의 백성"을 의미하는 희랍어 라오스에서 유래하였다. 이 말은 구약성서에서는 하나님의 선택과 계약에 근거해서 이스라엘이 하나님의 백성이 되었다는 사실과 관련해서 사용되며(출 19:47; 신 4, 7:6-12) 신약성서에서는 이방인과 유대인을 포함한 교회에 적용되었다(엡 1:3-10; 벧후 2:9).[2)]

신약성서는 하나님의 백성을 묘사할 때 라이코스와 이디오테스를 거부하고[3] 클레로스와 라오스를 사용한다. 그것은 신분적 구분이 아니라 다 같이 하나님의 백성을 의미하는 말이다. 모든 교인은 하나님의 백성으로서 진정한 의미에서 하나님의 성직자요 하나님의 평신도이다.[4] 그러나 교회가 종말 신앙을 상실하고 성직자 중심으로 제도화되면서 로마의 국가 제도와 사회의 영향을 받아서 클레로스와 라오스가 계급적으로 분리되어 서로 대립적 개념으로 사용되기 시작하였다.[5] 그래서 평신도는 일반적으로 성직자와 구별된 일반 신자를 지칭하게 되었다. 그것은 교회 전체를 라오스로 이해하는 성서적 개념으로부터의 이탈이다.[6]

따라서 목회자와 평신도는 예수 그리스도에게서 위임받은 하나님 나라의 사역을 실현해야 할 동등한 주체이다. 평신도는 결코 안수받은 목회자의 보조자와 설교 대상이 아니다. 평신도는 목회자와 동등한 하나님의 백성으로서 하나님 나라의 사역을 담당하는 하나님 나라의 대리자들이다. 따라서 오늘날 평신도들은 예수 그리스도로부터 위임받은 하나님 나라의 사역을 감당함으로써 사도 전통의 계승자가 되고 교회를 개혁하고 부흥시키고 선교를 확장시키는 주체가 되어야 한다.[7]

나는 평신도들의 활약을 보면서 목회에 역동성을 가지게 되었다. 그들의 충성심과 열정과 헌신은 많은 이들을 감동케 하였다. 그럼으로써, 성도들 서로 간의 깊은 관계가 형성되고 평신도 사역 중심의 교회로 세워지게 된 것이다. 나아가 교회가 균형 있게 양적으로 질적으로 성장하게 되었고 새가족들의 등록이 계속되었던 것이다.

만남의 가족 한마당 큰잔치 줄다리기

그리고 평신도들의 적극적인 활동으로 교회가 영적으로 세워지게 되었으며 살아있는 교회로 세워지게 되었다. 뿐만 아니라 평신도들의 교회 자랑이 높아지므로 인하여 교회 공동체를 사랑하게 되었으며 이것이 전 교회적으로 확대되어 지역에 있는 가정교회가 더욱 건강하게 자리 잡게 되는 놀라운 결과를 가져오게 된 것이다.

■ 건강한 가정의 회복

우리 교회는 아파트 문화를 중심으로 형성되어 있는 특수한 지역이다. 따라서 젊은 층이 많은 편이며 자녀가 가정당 2~3명 정도 함께 살고 있다. 그 자녀는 이미 성장한 경우보다 아직 초등학교에 다니고 있는 경우가 많아서 매주 금요일이면 자녀가 오히려 가정교회를 가고 싶어할 정도로 좋아한다.

아파트 문화로 형성되어 있어서 이웃집 간에도 누가 살고 있는지조차 모르는 상황에서 가정교회는 이웃집 간의 공동체를 형성시켜 주고 그리스도인들이 서로 교제하며 더불어 사는 법을 배우는 삶의 현장이다. 물론 불신 남편들 때문에 밤에 참석하는 경우, 어려움이 있지만, 아이들을 엄마가 데리고 와서 함께 밥 먹고 큰 방안에서 교제하게 하고 함께 공부하게 함으로 공동체를 형성시켜 주는 장점을 가지고 있다.

때로는 아이들이 밖으로 나와 어른들의 나눔과 성경공부 시간을 끊기게 하는 일도 있으나 계속 교육하고 주지하면서 진행함으로 염려했던 문제들을 극복할 수 있었다. 그리고 가정교회에서 나눈 삶의 이야기들은 우리들의 일상생활에서 필요한 대화를 나눔으로써 부부에게도 유익한 정보를 얻기도 하고 화목하게 하는 일들이 간증을 통하여 확인할 수가 있다. 결국, 부부간에도 대화할 시간이 많지 않은 현실에서 부부간의 대화도 많아지게 되고 또 부부가 함께 참여함으로써 건강한 가정을 이루는 유익을 주고 있는 것이다.

가정교회로 성장하는 교회 가운데 경기도 일산 화평교회와 인천은혜의교회, 그리고 용인신갈장로교회의 소개와 담임 목회자의 목회철학을 살피고 그 교회들의 가정교회 가치, 가정교회 분담사역, 가정교회 모임 순서 그리고 가장과 총무 재교육을 살펴본 후, 가정교회를 평가하고자 한다.

1. 경기도 화평교회[8)]

가. 교회소개 및 목회철학

화평교회는 1988년 1월 30일에 최상태 목사 가족을 비롯하여 3명의 형제와 더불어 "주님이 기뻐하시는 건강한 교회"를 이루겠다는 비전을 가지고 시작된 교회이다. 개척 초기에는 '배우고 가르치며 행하는 교회'라는 슬로건과 비전을 가지고 가르치는 일, 훈련하는 일에 역점을 두고 제자훈련을 했으며 1998년 9월부터는 "평신도를 지도자로 세우는 교회, 소그룹 중심으로 성숙해 가는 교회"라는 비전을 가지고 소그룹 목회(가정교회)사역을 시작했다.

평신도를 지도자로 세우는 일을 위해서 새가족반, 양육반, 제자훈련반, 지도자반, 전도 폭발반, 기도 헌신자 학교, 교사훈련반 등의 훈련을 하고 있으며, 소그룹 중심으로 성숙해가는 교회가 되기 위해 부부성장반, 부모역할반 등 특히, 가정 소그룹 사역에 집중하고 있다.

화평교회는 9명의 교역자와 160여 명의 평신도 사역자들이 섬기고 있으며 1500여 명의 화평가족들이 출석한다. 화평교회는 2명의 파송선교사와 80여 협력 선교지[9]를 돕고 있으며 화평의 한 가족으로 하나님 나라의 구현과 하나님께서 주신 비전을 이루기 위해서 함께 수고하고 있다.

화평교회의 목회철학은

1) 공동체(관계)를 중요시하는 교회

2) 성경에 기반을 둔 사역에 힘쓰는 교회

3) 평신도를 훈련하여 동역자로 세우는 교회

4) 균형 있는 삶을 살도록 훈련하는 교회

5) 주님 닮은 사람을 많이 만들어 내는 교회

6) 선교 명령에 적극 순종하는 교회

나. 가정교회의 사역 가치

화평교회 각 소그룹에서는 교회의 본질적인 기능을 감당하고 있다. 예배와 중보기도, 성경공부와 전도, 교제와 선교, 나눔과 찬양 등 교회의 총제적인 기능을 수행하며, 훈련된 평신도 지도자에게 소그룹 구성원들을 돌보고 양육하도록 하는 목회적 위임을 통해 그리스도의 제자로서 심김의 도를 마음껏 실천할 수 있는 역동적인 장(場)이 바로 화평교회 소그룹 모임이다.

또한, 화평교회의 소그룹은 화평교회에 등록한 교우는 물론 아직 교회에 나오지 않는 모든 전도 대상자들도 누구나 참석할 수 있다. 매주 1회 정기모임 외에도 주간 중 다양한 만남을 통해 한가족과 같은 사랑의 관계를 누리는 아름다운 모임이다.

무엇보다도 하나님 나라의 한 가족으로서의 관계를 중요시하며 전도를 통한 영적 재생산(분가)을 목표로 하며 가정교회별로 선교지와 선교사를 선정하여 기도와 물질과 교제로 후원함으로써 "밖으로 나가는 교회"의 사명을 감당하고 있다. 그래서 가정교회만을 위해 애쓰기보다는 가정교회를 통해 구성원들이 하나 되고 주님의 명령인 세상을 향해 '가라'는 선교적 삶을 감당하고 있다.

다. 가정교회 사역 분담

각 가정교회에서는 각자의 은사에 따라 서로 섬길 수 있는 직책을 부여하고 있다. 그래서 가정교회 구성원으로서의 소속감과 책임감을 가지고 참여하도록 하고 있다.

(1) 가장 : 가정교회 모임을 주관하며 가원들을 돌보고 섬기는 직책으로서 가정교회 제반 일을 책임진다. 가정교회의 총책임자로서 정기 모임을 주관하며, 가원들을 돌보고 후계자를 훈련시킨다.

(2) 예비가장 : 가장의 후계자로 지목을 받고 훈련 중인 가원을 말한다.

(3) 가원 : 가정교회 구성원을 말한다.

(4) 총무 : 가장을 보필하며 가원들을 기도와 봉사로 섬긴다.

(5) 회계 : 헌금과 선교 등 일체 예산을 관리한다.

(6) 새가족담당 : 새가족이나 방문객을 환영하고 교제한다.

(7) 봉사담당 : 어려운 이웃이나 환자방문, 교회의 봉사 기회 정보를 제공한다.

(8) 찬양담당 : 모임 시 찬양 인도를 하며 찬양에 관한 모든 것을 담당한다.

(9) 전도담당 : 오이코스 전도 이벤트를 관장하며 전도대상자를 관리한다.

(10) 선교담당 : 선교헌금송금, 선교사 편지, 선교사 정보관리 등을 담당한다.

(11) 성경담당 : 성경 읽기 체크, 성경통독 등을 담당한다.

(12) 생일담당 : 가원이나 자녀의 생일 기록, 관리 및 축하를 담당한다.

(13) 친교담당 : 야유회, 스포츠 음악회, 연극 , 영화관람 등을 담당한다.

(14) 중보기도담당 : 가원들의 기도제목을 알아보고 목록 작성-배부, 긴급기도 연락 등을 주관한다.

라. 가정교회 모임 순서

현재 화평교회의 가정교회의 수는 58개로 160여 명의 평신도 지도자들이 섬기고 있다. 가정교회 중 50여 개가 부부 중심의 가정교회로 세워졌다. 교인 중 남자성도의 85%, 여자성도는 90%가 가정교회에 참여한다. 가정교회 별로 국내 및 해외선교를 직접 담당하고 있다. 진행 순서나 내용은 성령의 인도하심을 따라 자유롭게 할 수 있다.

첫째, 모이면 먼저, 식사부터 하는 것을 원칙으로 한다(설거지는 나중에). 형편에 따라 간식으로 대체하는 경우도 있다.

둘째, 찬양은 2-3곡 정도 미리 선별하여 찬양한다.

셋째, 한 주간 동안 일어났던 일 중에 기뻤던 일, 감사했던 일, 힘들었던 일, 기도응답 받은 일, 말씀 듣고 깨달은 것, 말씀을 적용했을 때 생긴 일 등을 자원하여 나눈다.

넷째, 교재에 따라 성경공부를 한다.

다섯째, 선교, 전도 보고를 한다.

여섯째, 선교를 위한 헌금을 한다.

일곱째, 광고 시간을 갖는다.

여덟째, 성경읽기 확인을 한다.

아홉째, 가장이 파송기도를 한다.

보통 위와 같은 순서로 진행되지만 때에 따라서 바꿀 수 있다. 가령 새 가족이 왔을 때는 환영 및 나눔 시간으로 주로 활용하고 성경공부는 더욱 짧게 진행한다. 경우에 따라서는 순서를 생략할 수 있다(가정교회 전도축제). 새가족을 왕처럼 모시는 것이 가정교회의 특징이기 때문이다. 여기에 소요되는 시간은 가원들의 숫자나 나눔의 내용에 따라 다르겠지만 보통 2-3시간 정도 소요된다.

마. 화평교회의 가정교회 평가

가정교회에 대한 열망은 오늘 내일의 과제가 아니다. 이미 교회가 수적으로도 줄어들고 있고 관계성이 깨어지고 있는 이때에 가정교회 공동체를 형성하고 있는 교회가 바로 화평교회라는 사실만으로도 한국교회에 충분한 도전을 주고 있다. 그러한 관점으로 볼 때, 화평교회가 가정교회로 성장할 수 있었던 요소들을 다음과 같이 정해 볼 수 있다.

첫째, 화평교회는 명확한 목회철학과 비전을 가지고 있다. 최상태 목사의 목회는 두 단계로 볼 수 있는데 제1단계는 1988~1997년으로 그는 개척 초기부터 '주님이 기뻐하시는 건강한 교회'라는 비전을 가지고 평신도를 가르치고 훈련하는 목회를 하였다. 제2단계는 1998년부터 현재까지 '평신도를 지도자로 세우는 소그룹 목회로 성장하는 교회' 비전을 가지고 훈련된 평신도 지도자들을 세워 가정교회 사역을 하고 있다. 이러한 명확한 목회철학과 비전은 오늘의 화평교회 결과를 낳고 있다.

둘째, 화평교회는 가정교회를 이루기 위하여 이미 훈련된 평신도를 많이 배출했다. 그러므로 화평교회가 가정교회를 정착하는데 큰 어려움이 없었을뿐더러 그들을 바로 가정교회 리더로 세워갈 수 있었다.

셋째, 제자훈련을 기초로 하여 평신도를 지도자로 세운 결과이다. 화평교회는 평신도를 지도자로 세우는 일을 위해서 새가족반, 양육반, 제자훈련반, 지도자반, 전도 폭발반, 기도 헌신자 학교, 교사훈련반 등의 훈련을 하고 있으며, 소그룹 중심으로 성숙해가는 교회가 되기 위해 부부성장반, 부모역할반 등 가정교회에 집중하고 있다.

넷째, 가정교회 사역을 위해 헌신된 모습을 빼놓을 수 없다. 화평교회 자체 내 리서치 결과를 통해서 잘 나타난다. 가정교회 가장 총무들이 가정교회를 맡으면서 자신의 삶 목적과 방향이 확실해졌다고 말하는 가장과 총무들이 94%로 나타났다. 또한, 가정교회를 맡는 것은 하나님께서 자기를 부르신 소명 때문이며, 자신의 남은 삶도 하나님께 드리기로 헌신한다고 말하는 가장과 총무가 95%로 나타났다.[10)]

다섯째, 가정교회에서 전도가 활성화되고 있다. 화평교회의 새가족 등록은 가정교회를 거쳐 등록하는 사람들이 많다. 이는 가정교회를 통해 불신자들이 자연스럽게 신앙생활을 접할 기회와 친밀한 관계를 형성하여 교회 정착을 높이고 있기 때문이다.

여섯째, 관계성과 공동체성을 중시하며 가정교회와 예배를 강조함으로 균형성을 강조하고 있다. 관계성은 인격적인 부분으로 소그룹이 강조하고 있는 교제나 분가가 비인격적이거나 단순히 경쟁과 숫자놀음이 되어 전도의 동력화가 되지 않도록 관계의 중요성을 강조하고 있다. 공동체성을 이룬 소그룹은 말씀 공동체로써 말씀을 소중히 하여 훈련된 지도자들로 하여금 말씀을 전하도록 한다.

이처럼 화평교회는 제자훈련을 기초로 한 가정교회를 이루고 있어서 창의적인 목회를 희망하거나 소그룹목회를 갈망하는 목회자들에게는 좋은 모델의 교회라고 생각된다.

2. 인천은혜의교회[11)]

가. 교회소개와 목회철학

인천은혜의교회는 인천광역시 남구 학익동 682-3번지에 위치하고 있는데 이 교회는 필자가 세 번에 걸쳐서 직접 가보고 경험하고 둘러본 교회이기에 그 성공 사례를 살펴보고자 한다. 1986년 천막교회로 개척을 시작한 교회이다. 당시 학익동 일대는 교도소가 있고 사창가가 많았으며 판자촌이 상징물일 만큼 최고로 가난한 지역이었으며 남의 텃밭 세를 얻어 지하 예배당을 전전하며 시작된 교회이다.

2008년 11월 현재, 장년 약 3,000여 명 정도이며, 부교역자는 단 한 명도 없이 평신도 지도자 80여 명의 리더들이 알아서 사역하고 있는 한국에 아주 보기 드문 교회이다. 약 80여개의 사역별로 세분화되어 있고 각 리더들이 자기 분야에서 사역하고 있다.

인천은혜의교회를 2008년 10월 27일 월요일 두 번째 방문하여 담임목사로부터 직접 설명을 들었는데 이 교회를 방문하기 전 궁금하게 생각했던 것들을 정리했다.

첫째, 소그룹 사역이 어떻게 이루어지고 있는가와 두 번째 장년 3000여 명의 성도를 부교역자 없이 어떻게 돌보며 관리되고 있는가? 그리고 세 번째는 소그룹리더는 어떻게 재 양육되고 사랑방(가정교회)은 재생산되고 있는가? 또한 네 번째로 다음 세대에 대한 비전을 어떻게 풀어가고 있는가? 다섯 번째로 부교역자는 앞으로 청빙하지 않을 것인가?를 중점적으로 살펴보고자 했고 질문하고 싶었었다.

인천은혜의교회 목회철학은 크게 세 가지로 정리할 수 있다. 하나는, 제자훈련을 중심으로 한 교회요, 또 하나는, 평신도가 주역이 된 교회이며 셋째는, 다음 세대에 주역이 되는 교회이다.

첫째, 제자훈련을 중점으로 한 교회를 목표로 하는 데에는 우선 예배를 강조하고 있는데 1부 예배는 자유스럽고, 2~3부 예배는 형식과 전통을 갖추고 있으며 4부 예배는 찬양중심으로 드리고 있다. 그리고 훈련으로 다져진 평신도 동역자들을 최대한 활용하여 각각 은사에 맞도록 맡겨서 감당하게 한다.

둘째, 평신도가 주역이 된 교회되게 함에 있어서는 새가족반을 5주 정도, 확신반을 7주 정도로 하여 운영하고 있으며 베델성서반은 2년 코스로 철저한 헌신을 요구하고 예배 및 전도폭발 수료를 의무화하고 있다. 뿐만 아니라 쉐키나연구반을 3년 과정으로 하여 진행하고 있으며 제자반 및 사역반을 각각 1년 과정으로 하고 있다. 나아가 순장반을 운영하는데 자격미달 일 때는 과감하게 그만두게 한다.

셋째, 다음 세대에 대한 비전이 분명한 교회를 제시하고 있는데 차세대 비전센타를 가지고 있고, 체육관과 grace teens 비전센타도 활용하고 있다. 은혜의 열린도서관과 대관령수련관 등도 때때로 사용하고 있다.

나. 담임목사의 목회관

첫째, 평신도와 함께 뛰면 목회가 즐겁다는 슬로건과 함께 스텝리더를 세우기까지 약 8~9년이 걸리며 모든 동역자들이 전도와 훈련은 물론 사역의 영역에 능동적으로 동참하고 있다.

둘째, 모든 운영은 스텝리더에게 일임한다. 실수도 관용하며 목사가 아닌 하나님을 위한 헌신을 강조한다.

셋째, 모든 헌신의 출발은 교구장이다. 그래서 가장 궂은 일은 교구장에게 맡기고 있다.

넷째, 제자훈련은 힘들지만 반드시 해야 하는 사역으로 삼고 다시 태어나도 제자 훈련을 할 것이며 중도포기는 결국 자기 실패를 인정하는 것으로 여기고 있다.

다. 소그룹사역이 어떻게 이루어지고 있는가?

첫째, 19개 교구 104개 사랑방(가정교회)과 3개 전도교구로 구성되어 있다.

둘째, S/L 74명을 확보하고 있다. (실버아카데미 1명, 공동체1, 2, 각각 1명 포함)

셋째, 전인적인 소그룹은 사랑방으로 각 가정을 중심으로 모인다.

넷째, 순장체제로 사랑방(가정교회)을 운영한다.

라. 장년 3000여 명의 성도들을 어떻게 돌보고 있는가?

담임목사가 성도의 가정을 심방하는 일은 없고 교구장 중심과 순장 중심으로 성도들을 돌보고 섬기고 있다. 80여개의 사역을 중심으로 리더와 팀원들이 조화롭게 움직인다. 예를 들어, 방송실 파트를 전문적으로 세분화하여 영상분야, 음향분야, 조명분야 등을 감당하게 한다.

마. 소그룹리더는 어떻게 재양육되고 사랑방은 재생산되고 있는가?

이 교회만의 독특한 면은 베델성서반 2년 코스를 통하여 세 가지 완전장치 즉 무장화된 헌신을 의무화하고, 전도폭발의무(전도)와 예배의무를 삼고 있다.

또한 제자반과 사역반을 통하여 소그룹리더가 세워지고 있으며 사랑방을 이끄는 사람이 순장들인데 순장들이 자격이 미달될 때는 과감하게 그만두게 한다는 점이다. 그리고 소그룹리더자들의 재충전은 쉐키나연구반(성서지리연구)을 통하여 실시하고 있다.

바. 인천은혜의교회 사랑방(가정교회) 평가

개인적으로 인천은혜의교회를 가보고자 했던 것은 교회가 건강하다고 소문이 나 있고 소그룹 사역이 왕성하였기 때문이다. 세 번 정도 교회를 탐방하면서 교회가 건강한 이유를 찾을 수 있었다.

첫째는, 장년 3000여 명이 되는 교회에서 부교역자 없이 교회가 역동적으로 움직인다는 자체는 교역자를 청빙하지 않는 것이 부정적인 시각으로 비칠 수도 있겠지만, 사랑방을 이끌어 갈 지도자가 확실하게 세워

졌기 때문이다.

두 번째는, 80여 개의 사역의 장을 만들어 놓고 80여 명의 평신도 지도자를 세워 사역케 하는 일 역시 은혜의교회 자부심처럼 한국교회에 유일한 일이라는 생각을 갖게 한다.

세 번째는, 19개 교구 104개 사랑방(가정교회)을 각 가정을 중심으로 평신도 지도자들이 운영하면서 성도들을 돌보고 섬겨나가고 있다. 그리고 평신도지도자들이 지치거나 탈진될 때에는 성서지리반을 통해 함께 공부하고 해외까지 나가 쉼을 갖게 하고 위로 격려하는 코스를 갖고 있다.

네 번째는, 담임목사의 목회관을 들 수 있겠는데 평신도와 함께 뛰어야 즐겁다는 분명한 철학과 평신도 지도자들이 세워지기까지 많은 시간이 걸리는데 목사님은 기꺼이 인내하면서 보통은 8~9년이 걸려서라도 평신도 지도자를 세워나가고 있다.

다섯 번째는, 모든 평신도 동역자들이 전도와 훈련은 물론 사역의 영역에 능동적으로 동참하게 한다는 점과 모든 운영을 과감하게 사역의 지도자들에게 일임한다는 점이다. 실수가 생겼을 때는 관용하고 목사가 아닌 하나님을 위한 헌신을 강조하고 있다.

이와 같이 인천은혜의교회는 제자훈련을 기초로 한 평신도 지도자들을 과감하게 세우면서 그들에게 사역을 일임하고 사랑방을 운영하게 하고 있어서 소그룹목회를 갈망하는 목회자들에게나 평신도 지도자들이 어떤 마음으로 사역에 임하고 있는지를 보고 싶어 하는 교회나 목회자들에게 좋은 모델의 교회이다.

3. 용인신갈장로교회[12)]

가. 교회소개와 역사와 상황

신갈장로교회는 경기도 용인시 기흥구 신갈동 40-22번지에 소재하고 있으며 교인의 소재 분포 지역은 기흥구 전체를 포함하고 있다. 신갈장로교회는 1930년 3월 3일 신갈리 상미부락 김학로 씨 조모님 댁에서 시작된 교회로 지금의 이광수 목사는 15대 담임목사로 2008년 6월 15일 부임하였다. 현재 교인의 수는 재적 교인 약 1,280명(장년 900명, 청년 70명, 청소년 110명, 어린이 200명)이며, 주일 출석 교인은 약 830명이다.

나. 신갈장로교회의 가정교회 역사

2005년 말까지는 '구역'을 중심으로 진행되었다. 2006년 1월부터 '제자를 세우는 건강한 교회'라는 표어로 '셀 그룹 목회'를 시작하였다. 그러나 전임 목회자가 오랫동안 목회하지 못하고 떠나자 2008년 6월 15일 현재의 담임목사가 부임하고 나서 본격적인 소그룹 목회를 시작하였다. 소그룹목회를 시작한 가장 큰 이유는 남자들의 소그룹이 전멸하고 있었기 때문이다. 그래서 2008년 9월부터 '가정교회 소그룹 목회'를 준비하기 시작했다. 그렇게 하여 2008년 말 41가정 교회를 이끌어 갈 섬김이[13)]를 12월 19일(금)에 첫 출발을 하였다.

다. 가정교회 비전 선언문

신갈장로교회는 가정교회 비전 선언문을 크게 네 가지로 정해 놓고 실천하는 교회이다. 첫째는, 공동체 회복 운동에 그 목표를 두고 있는데 가정교회를 통하여 하나님이 원하시는 아름다운 공동체를 이루는 것을 목표로 삼고 있다.

두 번째는 평신도 사역 운동을 펼치고 있는데 가정교회를 통하여 함께 동등한 사역을 하겠다는 것이다. 세 번째는, 전 교인을 제자화 시키자는 운동을 펼치고 있는데 가정교회를 통하여 예수님의 참된 제자가 되기를 원하고 있다. 그리고 네 번째는, 하나님 나라 운동을 전개하고 있는데 가정교회를 통하여 생명 살릴 운동과 사랑 나눔 운동을 실천해 나가고 있다.

라. 가정교회 10대 사역

신갈장로교회는 가정교회 사역을 크게 10가지로 목표 하고 있다.

첫째는, 나눔으로 삼고 있는데 뜨거운 마음으로 생명의 말씀을 나누자는 것이다. 두 번째는, 교제인데 삶의 희로애락을 서로 나누면서 가정교회를 돈독히 하고 있다. 세 번째는, 기도인데 초대교회를 본받아 서로를 위해 중보기도하며 삶을 나누고 있다. 네 번째는, 치유인데 서로를 세워 안아주고 상처를 치유하여 회복시키는데 그 목표를 삼고 있다.

다섯 번째는, 전도인데 태신자를 작정하여 중보기도하다가 교회로 초청하여 등록하게 한다. 그런데 가정교회에서 먼저 빈 방석을 준비하여 그 자리에 앉게 하는 운동을 펼치고 있다. 여섯 번째는, 정착인데 새가족을 정착시키는데 목표를 두고 새가족을 섬기게 하고 있다. 일곱 번째는, 등록한 새가족을 양육하는 사역인데 서로에게 배워 함께 성숙하게 하고 있다. 여덟 번째는, 서로 섬기게 하는 것인데 따뜻한 손길로 이웃을 사랑하며 돌보면서 섬기게 하고 있다. 아홉 번째는, 세상을 향한 주님의 사랑으로 선교하는데 목표를 두고 있다. 열 번째는, 가정교회를 분가하는데 목표를 두고 있다. 그래서 재생산의 비전을 이루기 위해 함께 노력을 경주하고 있다.

마. 가정교회 모임순서

신갈장로교회는 가정교회 모임 순서도 체계 있게 진행하고 있다.

첫째는, 찬양으로 시작하는데 약 10분 정도 찬송과 CCM곡을 사용하여 뜨겁게 찬양한다.

두 번째는, 마음의 문을 열게 하는 아이스브레이크 시간이다. 이 시간을 통하여 지난 한 주간 동안 감사하고 기뻤던 일, 슬프거나 힘들었던 일 등을 서로 나눈다.

세 번째는, 기도하게 하는데 약 10분 정도 서로 기도하며 가정교회 사역과 교회의 비전과 기도제목 등을 위해서 기도한다.

네 번째는, 말씀과 삶의 나눔을 통하여 공유하는데 약 30분 정도 설교나 성경공부를 통해 말씀과 삶을 나눈다.

다섯 번째는, 봉헌과 광고 시간을 가지는데 약 5분 정도 교회 소식과 가정교회 그리고 선교지 소식을 나눈다.

여섯 번째는, 주기도로 마친다.

일곱 번째는, 서로 교제하는 시간을 약 30분 정도 준비된 다과를 나누면서 서로 친교한다.

바. 신갈장로교회 가정교회 평가

첫째, 가정교회를 시작한 지 몇 년 되지는 않았지만(2009년 봄부터 본격적으로 시작) 담임목사의 의지와 목회철학이 확고하여 일반 전통교회의 구역 조직을 가정교회로 전환할 수 있었다. 바로 이 점이 전통교회에서 가정교회로 전환하고자 하는 목회자들에게 좋은 모델이 되겠다.

두 번째는, 80년이 넘은 일반 전통교회이다 보니 노년층 교인들이 많아서 가정교회로 전환하는데 어려움이 있었지만 목사님의 가정교회철학과 교인들의 순종이 만들어 낸 결과라고 본다.

세 번째는, 가정교회 전환 후 얼마 되지 않아 교인들을 대상으로 가정교회 실시 여부를 설문 조사했고 그 조사를 기초로 하여 가정교회의 건강성을 입증하였다는 것이 일반 전통교회에서도 얼마든지 가능하다는 것을 보여준 좋은 기회라고 본다.

가정교회에 대한 책

1. 권문상, 성경적 공동체 (용인: 킹덤북스, 2013)

1907년 평양 대부흥을 정리하면서 그와 대비되는 21세기 한국교회의 침체를 비교한다. 부흥을 기대하는 구체적인 방안으로 성경적 공동체는 개방형 가족주의라고 진단한다. 공동체적 교회의 영원한 모델은 삼위일체 하나님을 언급하면서 삼위 하나님의 섭리 가운데 부흥이 일어나기를 원하며, 그 구체적인 모습으로 공동체적 교회인 '가족교회'를 언급하고 있다. 가정교회라기 보다는 가족교회 즉 Family Church를 강조하는데, 이 책은 가정교회를 연구하고 정리함에 있어서 중요한 내용을 담고 있다.

2. 최상태, 21세기 교회론 – 이것이 가정교회다. (서울:국제제자훈련원, 2002)

학문과 실제가 겸비된 연구서. 한국교회가 교회성장에 관한 관심이 커지면서 셀교회에 대한 관심이 증가하고 있는데 저자의 21세기 신교회론은 교회 내의 소그룹 사역에서 그 핵심이 무엇인지를 잘 보여주고 있다. 그 구체적인 현장으로 화평교회의 프로그램과 목회적 방향이 소개되고 있다. 제자훈련을 기초로 한 가정교회의 방향성과 구체적 작업들을 잘 제시하고 있다. 특히 한국교회의 상황에서 가정교회의 가능성과 의의, 방법론적인 문제들, 상세한 통계자료들이 일목요연하게 정리되어 있다.

3. 이광수, 소그룹이 살아야 교회가 건강해진다. (서울:한국학술정보(주), 2010)

전통교회에서 가정교회로의 변화를 실제로 체험하고 전환하며 그 내용을 정리한 연구논문을 책으로 펴낸 것. 소그룹 목회의 성서적 전거, 소그룹 목회의 역사, 소그룹 목회의 신학 그리고 평신도 사역의 활성화 등을 잘 다루고 있다. 저자는 소그룹 목회가 이 시대의 새로운 목회 패러다임이 아닌 성서적 본질이라면 그 성서적 전거와 역사적 이해는 필수적인 것으로 언급하며 이러한 역사적 이해에 근거한 소그룹 목회의 신학을 정리하고 있다.

4. 박정식, 평신도는 없다. (서울:국제제자훈련원, 2003)
제자훈련에 기초한 사랑방을 소개하고 있다. 저자는 평신도는 없다는 강한 표현을 사용하면서 그의 교회론과 실제를 정리하고 있다. '평신도론'을 살펴보면 목회자가 단 한 명이어도 막힘없이 굴러가는 교회, 평신도가 밀고 끄는 교회라고 소개하면서 그 구체적인 방법과 내용을 소개한다. 상세하고 실제적인 평신도 중심 목회 매뉴얼이 잘 정리되어 있는데, 모든 성도가 이를 읽고 습득하여 그대로 실천하고 있기 때문에 필수적인 교재로 사용된다.

5. 최영기, 구역조직을 가정교회로 바꾸라. (서울:나침반, 1998)
삶의 체험과 목회적 열정이 함께 어우러진 도서로 구역조직을 가정교회로 바꾸라고 말하고 있다. 독자들이 호기심을 가지고 읽을 수 있도록 "회의주의자가 예수님을 믿기까지", "목사가 꼭 되어야 하나?", "되고 싶지 않은 사모" 등의 표현을 사용하고 있다. 미국상황, 특히 이민자들로 구성된 교회에 구체적으로 적용되는 내용이기 때문에, 학문적으로는 뛰어난 작품이라기보다는 가정교회를 실제적이며 생동감있게 소개하고 있다. 가정교회를 이해하기에 좋은 책이다.

6. 조태환, 환희와 함께 가는 가정교회. (서울:NCD, 2009)
한국의 건강한 모델교회로 국민일보에 소개되기도 했으며, 전체적으로 사례들을 정리하고 있는 안내서이다. 사례 중심으로 전개되는데, 성도들이 스스로 섬김을 실천하면서 변화되고 더 나아가 다른 사람들도 변화시키는 내용 곧 간증이 많이 소개되고 있다. 21세기 한국교회의 침체에 대하여 전도가 어려운 시대라고 평가하면서 그 대안으로 관계전도를 강조하고 있다. 한국교회의 침체 원인을 전통교회가 잃어버린 기쁨 곧 환희라고 진단한다.

▪ 자체적 설문지를 통한 교회 건강성 입증

본 설문조사는 2011년 6월 1일부터 두 주간에 걸쳐 실시되었으며, 리서치와 교육컨텐츠를 주 종목으로 조사하는 전문 기관인 온솔커뮤니케이션(주) (서울시 금천구 가산동 319 호서대 벤처타워 1111호. 대표:정준원)에 위임하여 통계 분석을 하였다. 그리고 본 설문조사는 가정교회만으로는 처음 실시되었으며, 설문대상은 교인 가운데서도 현재 가정교회 소그룹에 참여 안 하는 몇 분의 설문조사도 포함했음을 밝힌다. 이유는 가정교회에 참석하지 않았는데 어떤 생각을 가지고 있는지를 알아보기 위해서 통계 수치에서 제외하지 않았다. 설문 내용은 부록으로 첨부하였다.

1. 일반적 특성

<표 9>는 조사 대상자들의 일반적 특성을 나타내는 빈도표이다. 전체 응답자 중 연령별로는 '40대'가 45.6%(57명)로 가장 많고, '50대' 28.8%(36명), '60대 이상' 16.0%(20명), '2·30대' 9.6%(12명)의 순으로 나타났다. 응답자들의 성별을 살펴보면 '여성'의 비율이 60.0%(75명)으로 '남성'의 비율 40.0%(50명)보다 높게 나타났다.

■표 9_ 일반적 특성

구분	항목	빈도	비율
연령	2, 30대	12	9.6%
	40대	57	45.6%
	50대	36	28.8%
	60대 이상	20	16.0%
성별	남성	50	40.0%
	여성	75	60.0%
합계		125	100.0%

2. 측정변수[14)]의 교차분석[15)]

1) 가정교회에 대한 이해도

'가정교회에 대하여 어떻게 이해하고 있는가?'에 대한 각 변인에 따른 차이가 있는지를 살펴보았다. 다음의 <표 10>는 X^2[16)]을 이용하여 분석한 결과이다.

전체로 보았을 때 '성격적 원형 교회의 모습을 회복'이 80.0%(100명)로 가장 높게 나타났으며 <그림 1>참조. '소그룹 운동으로 교회 부흥' 19.2%(24명), '잘 모름' 0.8%(1명) 순으로 나타났다. 이는 가정교회에 대하여 성격적 원형 교회의 모습을 회복하는 데 그 목적을 두고 있는 것을 알 수 있다.

■표 10_ 가정교회에 대한 이해도

구분			성격적 원형 교회의 모습 회복	소그룹 운동으로 교회 부흥	잘 모름	카이제곱검정
연령	2,30대	빈도	8	4	0	10.407 .109
		비율(%)	66.7	33.3	0.0	
	40대	빈도	49	8	0	
		비율(%)	86.0	14.0	0.0	
	50대	빈도	26	10	0	
		비율(%)	72.2	27.8	0.0	
	60대이상	빈도	17	2	1	
		비율(%)	85.0	10.0	5.0	
성별	남	빈도	38	11	1	2.007 .367
		비율(%)	76.0	22.0	2.0	
	여	빈도	62	13	0	
		비율(%)	82.7	17.3	0.0	
전체		빈도	100	24	1	
		비율(%)	80.0	19.2	0.8	

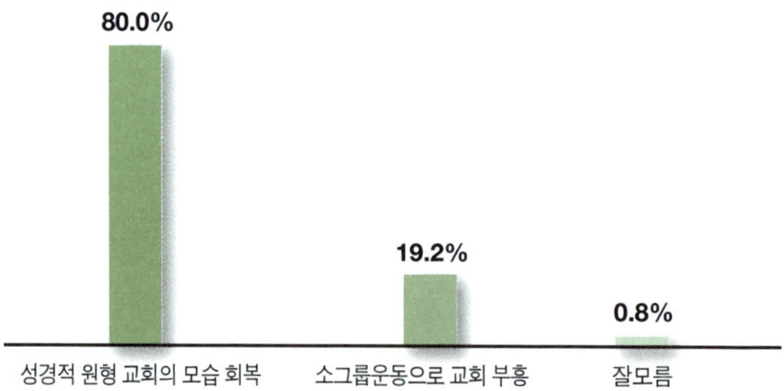

〈그림 1〉 가정교회에 대한 이해도

각 변인에 대하여 유의검정을 실시한 결과 모든 변인에서 통계적으로 유의한 차이가 나타나지 않았다.

2) 가정교회 사역이 만남의교회에 미치는 영향

'가정교회 사역이 만남의 교회에 미치는 영향'에 대하여 각 변인에 따른 차이가 있는지를 살펴보았다. 다음의 <표 11>는 X^2을 이용하여 분석한 결과이다.

전체로 보았을 때 '양적, 질적 성장에 모두 도움됨'이 74.2%(92명)로 가장 높게 나타났으며 <그림 2> 참조. '질적 성장에 도움됨' 12.9%(16명), '양적 성장에 도움됨' 12.1%(15명), '잘 모름' 0.8%(1명) 순으로 나타났다. 이는 가정교회 사역이 만남의교회에 양적, 질적 성장에 모두 도움이 된다는 것을 알 수 있다.

각 변인에 대하여 유의검정을 실시한 결과 모든 변인에서 통계적으로 유의한 차이가 나타나지 않았다.

■표 11_ 가정교회 사역이 만남의교회에 미치는 영향(1)

구분			양적 성장에 도움됨	질적 성장에 도움됨	양적, 질적 성장에 도움됨	잘 모름	카이제곱검정
연령	2,30대	빈도	0	5	7	0	14.270 .113
		비율(%)	0.0	41.7	58.3	0.0	
	40대	빈도	9	7	39	1	
		비율(%)	16.1	12.5	69.6	1.8	
	50대	빈도	3	3	30	0	
		비율(%)	8.3	8.3	83.3	0.0	
	60대이상	빈도	3	1	16	0	
		비율(%)	15.0	5.0	80.0	0.0	
성별	남	빈도	8	5	35	1	3.270 .352
		비율(%)	16.3	10.2	71.4	2.0	
	여	빈도	7	11	57	0	
		비율(%)	9.3	14.7	76.0	0.0	
전체		빈도	15	16	92	1	
		비율(%)	12.1	12.9	74.2	0.8	

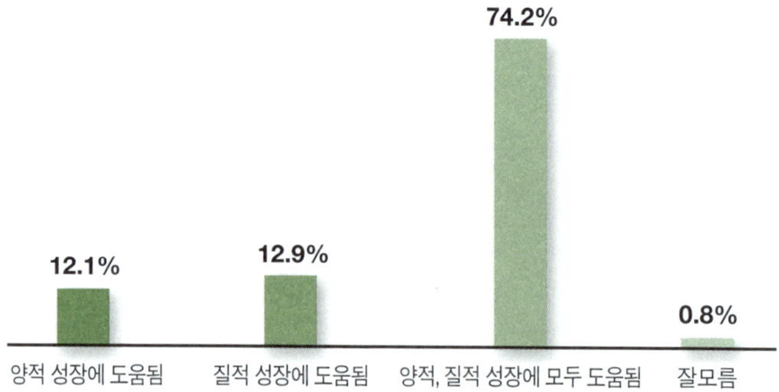

〈그림 2〉 가정교회 사역이 만남의교회에 미치는 영향 (1)

3) 가정교회를 실시함으로 기존 전통교회에 비하여 가정교회가 만남의교회에 미치는 영향

'만남의교회가 가정교회를 실시함으로 기존 전통교회에 비하여 가정교회가 만남의 교회에 어떤 영향을 미치는가?'에 대한 물음이다. 남녀 비율과 연령대별로 물었으며 기존 소그룹에 영향을 미쳤는지와 영향을 미

■표 12_ 가정교회가 만남의교회에 미치는 영향 (2)

구분			전혀 영향을 미치지않음	교회를 건강하게 해줌	기존 소그룹 약화시킴	잘 모름	카이제곱검정
연령	2,30대	빈도	0	10	2	0	7.830 .551
		비율(%)	0.0	83.3	16.7	0.0	
	40대	빈도	9	43	4	1	
		비율(%)	15.8	75.4	7.0	1.8	
	50대	빈도	2	32	1	1	
		비율(%)	5.6	88.9	2.8	2.8	
	60대이상	빈도	2	17	1	0	
		비율(%)	10.0	85.0	5.0	0.0	
성별	남	빈도	5	43	2	0	2.294 .514
		비율(%)	10.0	86.0	4.0	0.0	
	여	빈도	8	59	6	2	
		비율(%)	10.7	78.7	8.0	2.7	
전체		빈도	13	102	8	2	
		비율(%)	10.4	81.6	6.4	1.6	

치지 않았는지, 그리고 가정교회가 교회를 건강하게 세워 갔는지를 물었다. 각 변인에 따른 차이가 있는지를 살펴보았다. 다음의 <표 12>는 X^2을 이용하여 분석한 결과이다.

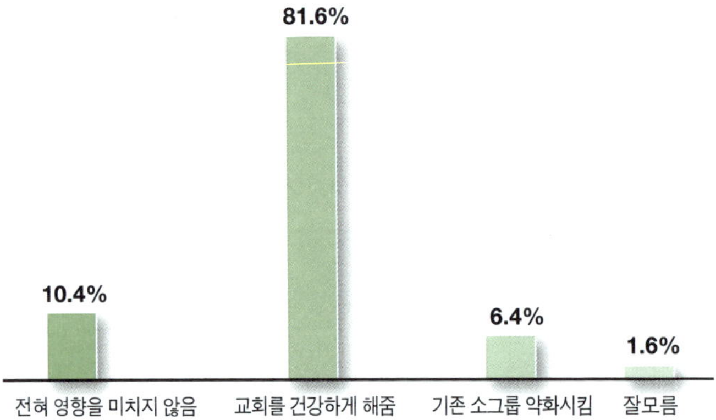

〈그림 3〉 가정교회가 만남의교회에 미치는 영향 (2)

전체로 보았을 때 '교회를 건강하게 해줌'이 81.6%(102명)으로 가장 높게 나타났으며<그림 3>참조. '전혀 영향을 미치지 않음' 10.4%(13명), '기존 소그룹을 약화시킴' 6.4%(8명), '잘 모름' 1.6%(2명) 순으로 나타났다. 이는 가정교회를 실시함으로써 기존 전통교회에 비하여 가정교회가 만남의 교회를 건강하게 해준다는 의견이 많음을 알 수 있다.

각 변인에 대하여 유의검정을 실시한 결과 모든 변인에서 통계적으로 유의한 차이가 나타나지 않았다.

4) 가장과 가원으로 섬기면서 가장 보람된 점

'가정교회 가장과 가원으로 섬기면서 가장 보람된 점은 무엇인가?'에 대한 각 변인에 따른 차이가 있는지를 살펴보았다. 물음의 항목은 가원들의 성장과 변화가 나타났는지와 천국에서 받을 상급에 대한 기대치를 가지고 있는지, 그리고 현실에서 누리는 축복 등에 대한 물음이었다. 다

■표 13_ 가장과 가원으로 섬기면서 가장 보람된 점

<table>
<tr><th colspan="3">구분</th><th>가원들의 성장과 변화</th><th>천국에서 받을상급 기대</th><th>현실에서 누리는 축복</th><th>모두 다 해당</th><th>잘 모름</th><th>카이제곱검정</th></tr>
<tr><td rowspan="8">연령</td><td rowspan="2">2,30대</td><td>빈도</td><td>7</td><td>0</td><td>0</td><td>5</td><td>0</td><td rowspan="8">9.762
.637</td></tr>
<tr><td>비율(%)</td><td>58.3</td><td>0.0</td><td>0.0</td><td>41.7</td><td>0.0</td></tr>
<tr><td rowspan="2">40대</td><td>빈도</td><td>31</td><td>2</td><td>6</td><td>17</td><td>1</td></tr>
<tr><td>비율(%)</td><td>54.4</td><td>3.5</td><td>10.5</td><td>29.8</td><td>1.8</td></tr>
<tr><td rowspan="2">50대</td><td>빈도</td><td>21</td><td>5</td><td>3</td><td>7</td><td>0</td></tr>
<tr><td>비율(%)</td><td>58.3</td><td>13.9</td><td>8.3</td><td>19.4</td><td>0.0</td></tr>
<tr><td rowspan="2">60대이상</td><td>빈도</td><td>13</td><td>1</td><td>1</td><td>5</td><td>0</td></tr>
<tr><td>비율(%)</td><td>65.0</td><td>5.0</td><td>5.0</td><td>25.0</td><td>0.0</td></tr>
<tr><td rowspan="4">성별</td><td rowspan="2">남</td><td>빈도</td><td>29</td><td>2</td><td>6</td><td>12</td><td>1</td><td rowspan="4">4.233
.375</td></tr>
<tr><td>비율(%)</td><td>58.0</td><td>4.0</td><td>12.0</td><td>24.0</td><td>2.0</td></tr>
<tr><td rowspan="2">여</td><td>빈도</td><td>43</td><td>6</td><td>4</td><td>22</td><td>0</td></tr>
<tr><td>비율(%)</td><td>57.3</td><td>8.0</td><td>5.3</td><td>29.3</td><td>0.0</td></tr>
<tr><td colspan="2" rowspan="2">전체</td><td>빈도</td><td>72</td><td>8</td><td>10</td><td>34</td><td>1</td><td rowspan="2"></td></tr>
<tr><td>비율(%)</td><td>57.6</td><td>6.4</td><td>8.0</td><td>27.2</td><td>0.8</td></tr>
</table>

음의 <표 13>는 X^2을 이용하여 분석한 결과이다.

전체로 보았을 때 '가원들의 성장과 변화'가 57.6%(72명)로 가장 높게 나타났으며 <그림 4>참조. '모두 다 해당' 27.2%(34명), '현실에서 누리는 축복' 8.0%(10명), '천국에서 받을 상급에 대한 기대' 6.4%(8명), '잘 모름' 0.8%(1명) 순으로 나타났다. 이는 가장과 가원으로 섬기면서 가장 크게 보람된 점이 가원들의 성장과 변화인 것을 알 수 있다.

각 변인에 대하여 유의검정을 실시한 결과 모든 변인에서 통계적으로 유의한 차이가 나타나지 않았다.

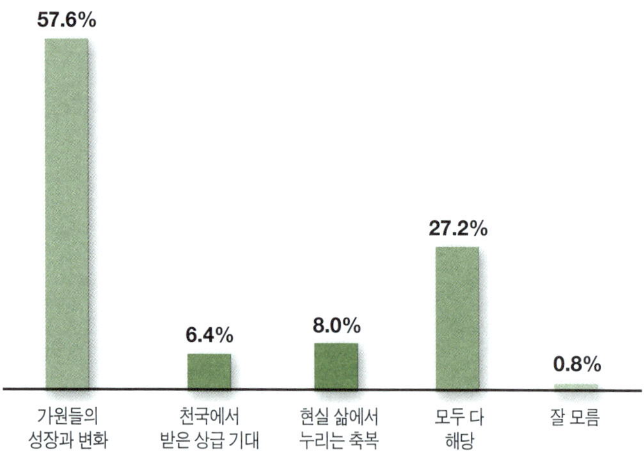

〈그림 4〉 가장과 가원으로 섬기면서 가장 보람된 점

5) 성도들이 변화되고 성장하는 가장 중요한 요소에 대한 생각

'성도들이 변화되고 성장하는 가장 중요한 요소는 무엇이라고 생각하는가?'에 대한 각 변인에 따른 차이가 있는지를 살펴보았다. 다음의 <표 14>는 X^2을 이용하여 분석한 결과이다.

■표 14_ 성도들이 변화되고 성장하는 가장 중요한 요소

구분			양육과정 및 성경공부를 통해서	설교를 통해서	지도자의 삶을 통해서	카이제곱검정
연령	2,30대	빈도	11	0	1	6.619 .358
		비율(%)	91.7	0.0	8.3	
	40대	빈도	52	4	1	
		비율(%)	91.2	7.0	1.8	
	50대	빈도	31	4	1	
		비율(%)	86.1	11.1	2.8	
	60대이상	빈도	18	0	2	
		비율(%)	90.0	0.0	10.0	
성별	남	빈도	45	2	3	1.585 .453
		비율(%)	90.0	4.0	6.0	
	여	빈도	67	6	2	
		비율(%)	89.3	8.0	2.7	
전체		빈도	112	8	5	
		비율(%)	89.6	6.4	4.0	

전체로 보았을 때 '양육과정 및 성경공부를 통해서'가 89.6%(112명)로 가장 높게 나타났으며 <그림 5> 참조. '설교를 통해서' 6.4%(8명), '지도자의 삶을 통해서' 4.0%(5명) 순으로 나타났다. 이는 양육과정(훈련과정) 및 성경공부가 성도들이 변화되고 성장하는데 가장 중요한 요소라고 생각하는 것을 알 수 있다.

각 변인에 대하여 유의검정을 실시한 결과 모든 변인에서 통계적으로 유의한 차이가 나타나지 않았다.

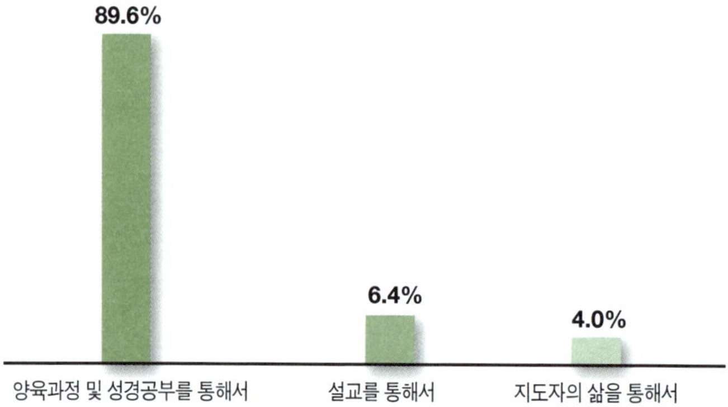

〈그림 5〉 성도들이 변화되고 성장하는 가장 중요한 요소

6) 가정교회 사역의 성경 원리 중 하나인 보고 배우는 것의 효과에 대한 생각

'가정교회 사역의 성경 원리 중 하나인 보고 배우는 것의 효과에 대한 생각'에 대하여 과연 동의를 하는지와 하지 않는지에 대한 물음이었다.

연령대와 성별로 나타난 결과와 각 변인에 따른 차이가 있는지를 살펴보았다. 다음의 <표 15>는 X^2을 이용하여 분석한 결과이다.

■표 15_ 보고 배우는 것의 효과

구분			전적으로 동의	동의	동의하지 않음	잘 모름	카이제곱검정
연령	2,30대	빈도	6	6	0	0	5.361 .802
		비율(%)	50.0	50.0	0.0	0.0	
	40대	빈도	32	24	0	1	
		비율(%)	56.1	42.1	0.0	1.8	
	50대	빈도	23	12	1	0	
		비율(%)	63.9	33.3	2.8	0.0	
	60대이상	빈도	13	6	0	0	
		비율(%)	68.4	31.6	0.0	0.0	
성별	남	빈도	29	20	0	0	1.403 .705
		비율(%)	59.2	40.8	0.0	0.0	
	여	빈도	45	28	1	1	
		비율(%)	60.0	37.3	1.3	1.3	
전체		빈도	74	48	1	1	
		비율(%)	59.7	38.7	0.8	0.8	

전체로 보았을 때 '전적으로 동의한다'가 59.7%(74명)로 가장 높게 나타났으며 <그림 6>참조. '동의한다' 38.7%(48명), '동의하지 않는다' 0.8%(1명), '잘 모르겠다' 0.8%(1명) 순으로 나타났다. 이는 가정교회 사역의 성경 원리 중 하나인 보고 배우는 것의 효과에 대하여 전적으로 동의한다는 의견이 많음을 알 수 있다.

각 변인에 대하여 유의검정을 실시한 결과 모든 변인에서 통계적으로 유의한 차이가 나타나지 않았다.

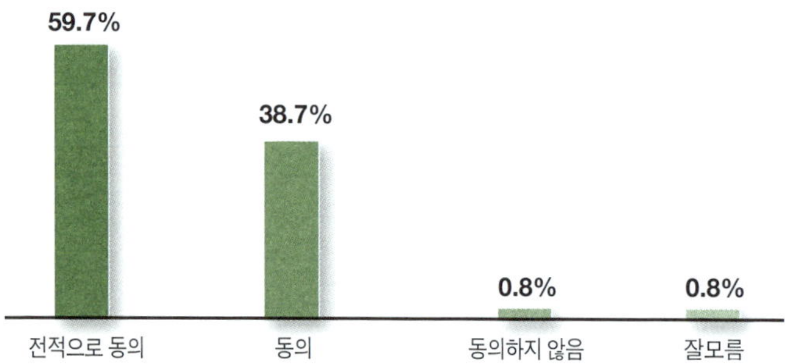

〈그림 6〉 보고 배우는 것의 효과

7) 가정교회 사역을 통한 가원들의 변화 (순위별 빈도분석)

'가정교회 사역을 통하여 가원들의 어떤 면에 변화가 있었는가?'에 대한 각 변수들의 순위별 빈도 분석을 실시한 결과 다음의 <표 16>과 같이 나타났다.

1순위는 '믿음의 열정, 섬김의 자세 향상'이 62.9%(78명)로 가장 높게 나타났으며, 2순위는 '인간관계가 좋아짐'이 44.9%(53명)로 가장 높게 나타났다. 3순위는 '가정회복'이 46.6%(55명), 4순위는 94.1%(111명)로 가장 높게 나타났다. 이는 가정교회 사역을 통하여 가원들은 믿음의 열정, 섬김의 자세 향상을 가장 큰 변화로 생각하는 것을 알 수 있다.

■표 16_ 가정교회 사역을 통한 가원들의 변화

항 목	1순위		2순위		3순위		4순위	
	빈도	비율(%)	빈도	비율(%)	빈도	비율(%)	빈도	비율(%)
가정회복	28	22.6	36	30.5	55	46.6	3	2.5
섬김의 자세 향상	78	62.9	28	23.7	11	9.3	3	2.5
인간 관계가 좋아짐	18	14.5	53	44.9	46	39.0	1	0.8
생활 형편이 나아짐	0	0.0	1	0.8	6	5.1	111	94.1

8) 만남의교회가 가정교회를 실시하는 것에 대한 생각

'만남의 교회가 가정교회를 실시하는 것에 대해 어떻게 생각하는가?'에 대한 각 변인에 따른 차이가 있는지를 살펴보았다. 다음의 <표 17>는 X^2을 이용하여 분석한 결과이다.

■표 17_ 만남의교회가 가정교회를 실시하는 것에 대한 생각

구분			아주 잘했다	잘했다	그저 그렇다	카이제곱검정
연령	2,30대	빈도	9	3	0	4.083 .665
		비율(%)	75.0	25.0	0.0	
	40대	빈도	32	23	2	
		비율(%)	56.1	40.4	3.5	
	50대	빈도	26	9	1	
		비율(%)	72.2	25.0	2.8	
	60대이상	빈도	12	7	0	
		비율(%)	63.2	36.8	0.0	
성별	남	빈도	31	17	1	0.067 .967
		비율(%)	63.3	34.7	2.0	
	여	빈도	48	25	2	
		비율(%)	64.0	33.3	2.7	
전체		빈도	79	42	3	
		비율(%)	63.7	33.9	2.4	

전체로 보았을 때 '아주 잘했다'가 63.7%(79명)로 가장 높게 나타났으며 <그림 7>참조. '잘했다' 33.9%(42명) '그저 그렇다' 2.4%(3명) 순으로 나타났다. 이는 만남의 교회가 가정교회를 실시하는 것에 대해 긍정적인 의견을 가지고 있는 것을 알 수 있다.

각 변인에 대하여 유의검정을 실시한 결과 모든 변인에서 통계적으로 유의한 차이가 나타나지 않았다.

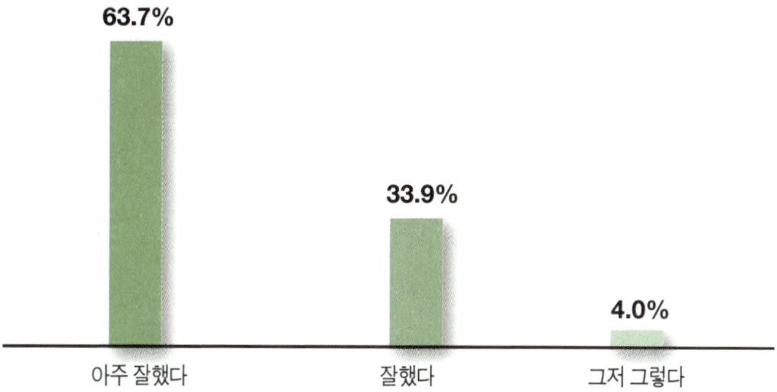

〈그림 7〉 만남의교회가 가정교회를 실시하는 것에 대한 생각

9) 가장, 가원으로 섬기면서 힘든 점(순위별 빈도분석)

'가장, 가원으로 섬기면서 힘든 점은 무엇인가?'에 대한 각 변수들의 순위별 빈도분석을 실시한 결과 다음의 <표 18>과 같이 나타났다.

1순위는 '가원들이 잘 모이지 않을 때'가 81.1%(99명)로 가장 높게 나타났으며, 2순위는 '가원들의 변화가 없을 때'가 58.2%(71명)로 가장 높게 나타났다. 3순위 또한 '가원들의 변화가 없을 때'가 33.3%(40명)로 가장 높게 나타났다. 4순위는 '섬기는 것' 42.5%(51명), 5순위는 '목사나 다른 사람들이 수고를 알아주지 않을 때' 59.5%(69명), 6순위는 '기타' 의견이 91.4%(106명)로 가장 높게 나타났다. 이는 가장, 가원으로 섬기면서 가원들이 잘 모이지 않을 때 가장 힘들며, 또한 가원들의 변화가 없을 때 힘들다는 것을 알 수 있다.

■표 18_ 가장, 가원으로 섬기면서 힘든 점

항 목	1순위		2순위		3순위		4순위		5순위		6순위	
	빈도	비율(%)	빈도	비율(%)	빈도	비율(%)	빈도	비율(%)	빈도	비율(%)	빈도	비율(%)
잘 모이지 않음	99	81.1	16	13.1	5	4.2	1	0.8	0	0.0	0	0.0
변화 없음	3	2.5	71	58.2	40	33.3	6	5.0	1	0.9	0	0.0
수고를 알아 주지않음	0	0.0	4	3.3	14	11.7	29	24.2	69	59.5	1	0.9
섬기는 것	4	3.3	7	5.7	29	24.2	51	42.5	29	25.0	0	0.0
전도 안됨	15	12.3	24	19.7	32	26.7	32	26.7	8	6.9	9	7.8
기타	1	0.8	0	0.0	0	0.0	1	0.8	9	7.8	106	91.4

10) 가정교회를 통한 불신자 전도 효과

'귀하가 섬기는 가정교회를 통하여 불신자 전도가 되는가?'에 대한 각 변인에 따른 차이가 있는지를 살펴보았다. 다음의 <표 19>는 X^2을 이용하여 분석한 결과이다.

전체로 보았을 때 '조금 잘 된다'가 56.9%(70명)로 가장 높게 나타났으며 <그림 8>참조. '잘 된다' 21.1%(26명), '안 된다' 16.3%(20명), '잘 모르겠다' 5.7%(7명) 순으로 나타났다. 이는 가정교회를 통하여 불신자 전도가 잘 된다는 의견이 많은 것을 알 수 있다.

■표 19_ 가정교회를 통한 불신자 전도 효과

구분			잘 된다	조금 잘 된다	안 된다	잘 모르겠다	카이제곱검정
연령	2,30대	빈도	3	6	3	0	25.722 .002
		비율(%)	25.0	50.0	25.0	0.0	
	40대	빈도	3	43	8	3	
		비율(%)	5.3	75.4	14.0	5.3	
	50대	빈도	16	12	6	2	
		비율(%)	44.4	33.3	16.7	5.6	
	60대이상	빈도	4	9	3	2	
		비율(%)	22.2	50.0	16.7	11.1	
성별	남	빈도	14	27	7	1	4.278 .233
		비율(%)	28.6	55.1	14.3	2.0	
	여	빈도	12	43	13	6	
		비율(%)	16.2	58.1	17.6	8.1	
전체		빈도	26	70	20	7	
		비율(%)	21.1	56.9	16.3	5.7	

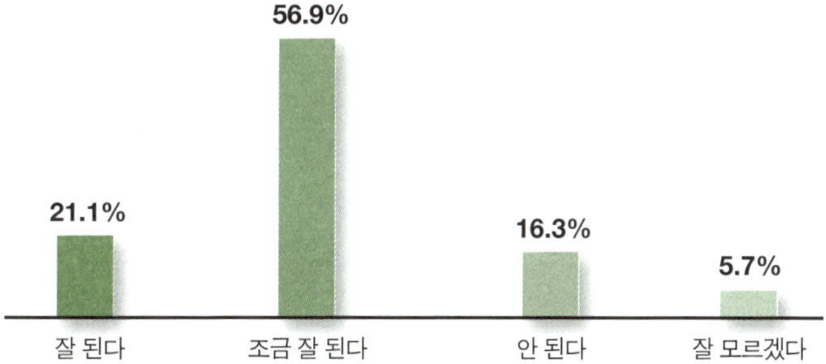

〈그림 8〉 가정교회를 통한 불신자 전도 효과

변인에 따른 결과를 살펴보면, 연령(X^2=25.722, p<.05)에서 통계적으로 유의한 차이가 있는 것으로 나타났다. 연령에 따른 가정교회의 불신자 전도 효과는 연령이 높을수록 '잘 모르겠다'는 의견이 높게 나타남을 알 수 있다.

11) 가장, 가원으로 섬기는 것에 대한 소감

'가장, 가원으로 섬기는 것에 대한 소감'을 물었다. 가장에게도 물었고 가원들에게도 물었다. 과연 가정교회를 통하여 행복함을 느끼고 있는지와 힘이 드는지, 그리고 섬기는 것을 마지못해서 하고 있는지를 물었다. 이 물음에 대한 각 변인에 따른 차이가 있는지를 살펴보았다. 다음의 <표 20>는 X^2을 이용하여 분석한 결과이다.

전체로 보았을 때 '행복하다'가 73.4%(91명)로 가장 높게 나타났으며<그림 9>참조. '잘 모르겠다' 16.1%(20명), '힘들다' 9.7%(12명), '마지못해서 한다' 0.8%(1명) 순으로 나타났다. 이는 가장, 가원으로서 섬기는 것에 대해 긍정적 의견인 행복하다는 의견이 많은 것을 알 수 있다.

각 변인에 대하여 유의검정을 실시한 결과 모든 변인에서 통계적으로 유의한 차이가 나타나지 않았다.

■표 20_ 섬기는 것에 대한 소감

구분			행복하다	힘들다	마지못해서 한다	잘 모르겠다	카이제곱검정
연령	2,30대	빈도	8	2	0	2	5.906 .749
		비율(%)	66.7	16.7	0.0	16.7	
	40대	빈도	38	6	1	12	
		비율(%)	66.7	10.5	1.8	21.1	
	50대	빈도	31	2	0	3	
		비율(%)	86.1	5.6	0.0	8.3	
	60대이상	빈도	14	2	0	3	
		비율(%)	73.7	10.5	0.0	15.8	
성별	남	빈도	39	2	1	7	4.748 .191
		비율(%)	79.6	4.1	2.0	14.3	
	여	빈도	52	10	0	13	
		비율(%)	69.3	13.3	0.0	17.3	
전체		빈도	91	12	1	20	
		비율(%)	73.4	9.7	0.8	16.1	

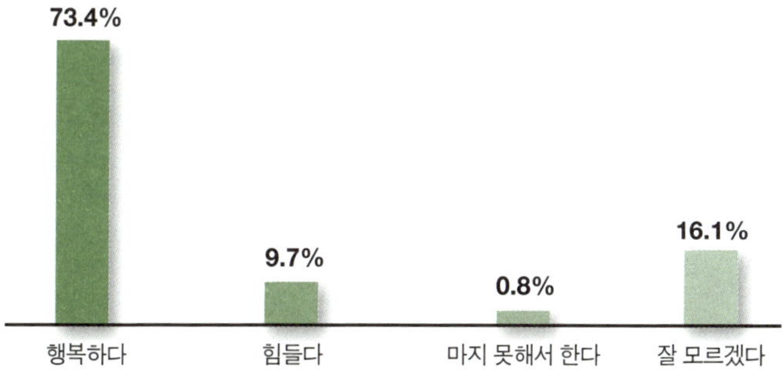

〈그림 9〉 섬기는 것에 대한 소감

12) 자녀나 친밀한 관계에 있는 성도에게 권유할 수 있는가에 대한 생각

'가정교회 사역을 하면서 가장이나 총무, 그리고 가원으로서의 섬김을 자녀나 친밀한 관계에 있는 성도에게 권유할 수 있는가?'에 대한 물음이다. 적극적으로 권유할 수 있는지와 권유할 수 있겠는가, 그리고 권유하지 않을 것인가를 물었다. 각 변인에 따른 차이가 있는지를 살펴보았다.

■표 21_ 자녀나 친밀한 관계에 있는 성도에게 권유

구분			행복하다	힘들다	마지못해서 한다	잘 모르겠다	카이제곱검정
연령	2,30대	빈도	7	5	0	0	9.111 .427
		비율(%)	58.3	41.7	0.0	0.0	
	40대	빈도	25	31	0	1	
		비율(%)	43.9	54.4	0.0	1.8	
	50대	빈도	23	12	1	0	
		비율(%)	63.9	33.3	2.8	0.0	
	60대이상	빈도	13	6	0	0	
		비율(%)	68.4	31.6	0.0	0.0	
성별	남	빈도	32	17	0	0	4.384 .223
		비율(%)	65.3	34.7	0.0	0.0	
	여	빈도	36	37	1	1	
		비율(%)	48.0	49.3	1.3	1.3	
전체		빈도	68	54	1	1	
		비율(%)	54.8	43.5	0.8	0.8	

다음의 <표 21>는 X^2을 이용하여 분석한 결과이다.

전체로 보았을 때 '적극 권유'가 54.8%(68명)로 가장 높게 나타났으며<그림 10>참조. '권유' 43.5%(54명), '권유하지 않음' 0.8%(1명), '잘 모름' 0.8%(1명) 순으로 나타났다. 이는 가정교회의 사역과 섬김을 주변 친구들에게나 성도에게 적극적으로 권유하겠다는 의견과 권유하겠다는 의견이 많은 것으로 보아 가정교회를 통하여 성도들이 만족함을 느끼고 있음을 알 수 있다.

각 변인에 대하여 유의검정을 실시한 결과 모든 변인에서 통계적으로 유의한 차이가 나타나지 않았다.

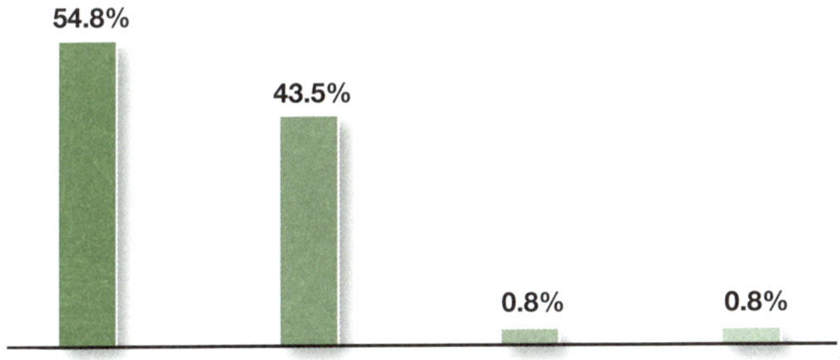

〈그림 10〉 자녀나 친밀한 관계에 있는 성도에게 권유

3. 분석 결과

대부분의 평신도들이 가정교회에 대하여 '성격적 원형 교회의 모습을 회복'하는 데 그 목적을 두고 있다고 이해하고 있으며, 가정교회 사역이 만남의교회의 '양적^질적 성장에 도움'이 되었다는 의견이 74.2%로 높게 나타났다.

가정교회를 실시함으로 기존 전통교회에 비하여 가정교회가 '만남의 교회를 건강하게 해준다'는 응답이 81.6%로 높게 나타났다. 이는 과거에 비해 현재 가정교회가 만남의교회에 긍정적인 영향을 미치는 것을 알 수 있다.

성도들은 '가원들의 성장과 변화'를 통해 가장 큰 보람을 느끼며, '양육 과정 및 성경공부를 통해' 성도들이 변화되고 성장하는 것을 알 수 있다. 또한 성도들은 가정교회 사역의 성경 원리 중 하나인 보고 배우는 것의 효과에 대하여 '전적으로 동의한다'는 긍정적인 의견이 높게 나타났다.

가정교회 사역을 통한 가원들의 변화 순위를 조사한 결과 '믿음의 열정, 섬김의 자세 향상'이 1순위로 나타났으며, '인간관계가 좋아짐', '부부관계 개선 등 가정회복', '생활 형편이 나아짐' 순으로 나타났다. 이는 가정교회 사역을 통하여 만남의 교회가 영적으로 부흥되었다는 것을 알 수 있다.

만남의교회가 가정교회를 실시하는 것에 대해 '아주 잘했다'와 '잘했다'가 97.6%로 긍정적인 의견이 높게 나타났다. 가장, 가원으로서 섬기면서 힘든 점의 순위를 조사한 결과 '가원들이 잘 모이지 않을 때'가 가장 힘든 것으로 나타났으며, '가원들의 변화가 없을 때', '섬기는 것', '목사나 다른 사람들이 수고를 알아주지 않을 때' 순으로 나타났다. 이는 가원들을 통솔하는데 있어서 많은 어려움이 있는 것으로 보인다.

성도들이 섬기는 가정교회를 통하여 불신자를 전도함에 있어서 '잘 된다', '조금 잘 된다'라는 의견이 78%로 긍정적인 의견이 높게 나타났으며, '안 된다', '잘 모르겠다' 순으로 나타났다. 유의수준 α=.05에서 검정한 결과 연령에서 통계적으로 유의한 차이가 나타났다. 이러한 결과 '잘 모르겠다'라는 응답이 연령이 높을수록 높게 나타남을 알 수 있다.

가장, 가원으로 섬기는 것에 대하여 '행복하다'는 의견이 73.4%로 과반수 이상이 응답하였으며, 가정교회 사역과 가장, 가원으로서 섬김을 자녀나 친밀한 관계에 있는 성도들에게 '적극 권유', '권유'의 응답이 98.3%로 전도를 하겠다는 의견이 '권유하지 않음', '잘 모름' 1.6%보다 높게 나타났다.

■ 국제제자훈련원[17]의 PRO-FILE 교회건강진단 결과

만남의교회는 2004년 11월 25일부터 12월 7일까지와 2011년 4월 11일부터 4월 26일까지 두 차례에 걸쳐 일반 성도들과 훈련을 받고 있는 평신도를 대상으로 61문항에 따른 교회건강여부 설문조사를 무기명으로 실시했다. 제자훈련을 받고 있는 분들과 이미 받으신 분들, 그리고 전혀 받지 않으신 분들을 대상으로 하였다.

1. 2004년 PRO-FILE에 의한 교회 건강진단 결과

만남의교회는 1999년 11월 27일에 개척하여 2000년 1월부터 소그룹 사역과 제자훈련 사역을 실시하였다. 그 해로부터 만 4년 만에 교회가 어느 정도 건강해졌고 평신도 지도자들이 세워졌는지에 대한 설문조사를 국제제자훈련원에 의뢰하였다. 아홉 개 항목에 걸쳐 실시된 설문조사 결과는 아래 <표 22>와 같고 항목별 그래프는 <그림 11>과 같다.

■표 22_ 2004년 PRO-FILE에 의한 교회건강진단 결과

설문실시 기간		2004-05-20 ~ 2004-06-10		설문횟수		2회	담임목사 강정원	
구 분	목회자	시스템	전도	예배	정착	양육	훈련	사역	소그룹 (가정교회)
평 균	94	90	88	90	94	96	97	95	92

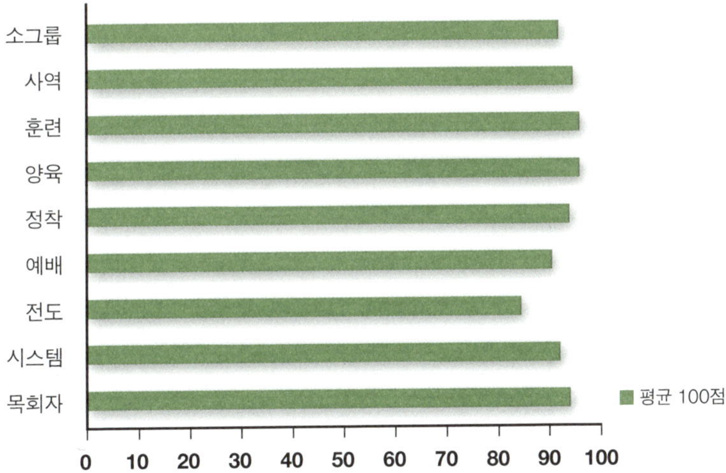

〈그림 11〉 2004년 PRO-FILE에 의한 교회건강진단 그래프

2. 2011년 PRO-FILE에 의한 교회건강진단 결과

만남의교회는 2004년 교회건강여부 진단 결과에 이어 2011년 4월 11일부터 4월 26일까지 또 한 번에 걸쳐 일반 성도들과 훈련을 받고 있는 평신도를 대상으로 무기명 설문조사를 실시하였다. 아홉 개 영역별 점수 결과는 <표 23>과 같고, 61문항으로 조사된 교회건강여부 설문조사 결과

■표 23_ 2011년 PRO-FILE에 의한 교회건강진단 결과

설문실시 기간		2011-04-11 ~ 2011-04-22			설 문 횟 수		2회	담임목사 강정원	
구 분	목회자	시스템	전도	예배	정착	양육	훈련	사역	소그룹 (가정교회)
평 균	94	92	85	90	95	96	96	94	91

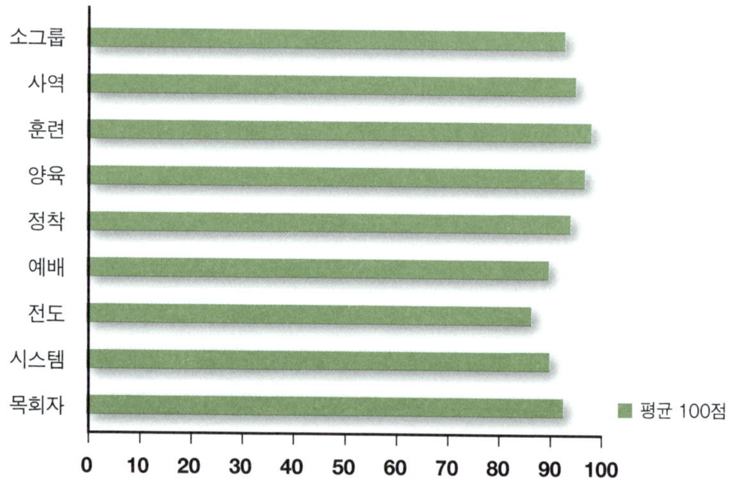

〈그림 12〉 2011년 PRO-FILE에 의한 교회건강진단 그래프

그래프는 다음 <그림 12>와 같다.

3. 점수에 대한 종합 정리

위의 도표 <표 22>와 <표 23>에서 보는 바와 같이 각 항목별 진단 결과 점수가 거의 비슷하게 나왔다. 아주 특별한 사례로 생각된다. 점수가 떨어지든지 올라가든지 하는 차이가 날 수 있는데 거의 비슷하게 나온다는 것은 교회가 꾸준하게 건강성을 유지해 왔다는 증거이며 그만큼 노력과 열정을 쏟아 왔다는 증거이다. 다만 한 가지 아쉬운 점이 있다면 표에서 보는 바와 같이 가장 높은 점수가 훈련으로서 97점과 96점을 각각 받았다. 소그룹사역 중 훈련사역이 강한 편임을 입증해 주고 있으며 가장 낮은 점수는 전도가 88점과 85점으로서 나타났다. 교회전반에 걸쳐 전도사역에 비중을 더 두어야 함을 알 수 있다.

4. 프로파일 항목 및 질문 분석 결과

총 9개 항목별로 100점을 기준하여 분석했는데 아주 특이한 점은 2004년도의 교회건강진단 결과와 7년이 지난 2011년 결과표와 너무나 대동소이하다는 것이다. 이것은 만남의교회가 꾸준하게 지켜왔다는 증거이다. 만약 어느 것 하나라도 소홀히 했다면 그런 결과는 나오지 않았을 것이다. 결과를 토대로 구체적으로 분석해 보고자 한다.

1) 목회자

크게 두 가지로 나누어 질문했는데 리더십과 설교이다. 리더십은 인격과 역량이 어느 정도 갖추고 있는지를 질문했고 설교는 커뮤니케이션과 성도들의 삶의 변화, 성경에 기초한 설교였으며 성도들의 삶을 이해하면서 설교를 준비하기 위해 정성을 쏟았는지를 물었다.

2) 시스템

크게 세 가지 즉, 비전 casting과 비전 sharing, 그리고 조직을 질문했는데 현실적이고 성취 가능한 미래지향적인 비전인가?와 캐치프레이즈화 되어 있는가?이다. 그리고 모든 성도들이 비전을 말할 수 있으며 비전과 연관해 올해에 달성할 구체적인 목표인가?를 물었다. 조직에 관한 질문에 있어서는 비전 성취를 위한 재정 지원과 인력 배치가 제직회나 당회의 기능이 비전을 향해 나아가고 있고 지원하는가를 물었으며 담임목사와 당회와의 관계는 원활한가를 물었다.

3) 전도

전도는 개인전도와 전도프로그램, 전도이벤트와 지역공동체 부분으로 나누어 물었는데 개인전도는 각자가 전도활동에 어느 정도 활동하고 있는지와 소그룹을 통한 전도를 어떻게 하고 있는지를 물었다. 그리고 전도 프로그램에 관한 질문에는 전도훈련을 제공하고 있는지와 전도에 관한 은사를 가진 사람들을 전도에 활용하고 있는지를 물었다. 지역공동체와 관련된 질문에는 지역사회 내에서 교회 이미지는 어떠한지와 불신자들이 호감을 가지고 접근이 용이한지, 그리고 전도에 관한 설교는 주기적으로 또는 계획적으로 하고 있는지를 물었다.

4) 예배

예배에 관한 질문에는 성도들이 예배를 얼마나 사모하고 기다리는지를 물었고 찬양시간에 젖어드는지와 헌금과 헌신은 자원하여 힘껏 드리고 있는지, 그리고 교회시설은 예배드리는데 적합하게 준비되어 있는지를 물었다. 나아가 예배를 통하여 하나님 임재경험을 하고 있는지와 예배를 위하여 준비는 사전에 어떻게 해왔고, 하는가를 물었다.

5) 정착

새가족들이 교회 안에 들어왔을 때에 그들을 어떻게 안내하며 주차안내는 어떻게 하고 있는지, 그들과 관계형성은 어떻게 하고 있는지와 새가족들을 정착하기 위해서 거기에 맞는 새가족반이나 양육반은 운영하고 있는지를 물었다. 만남의교회는 31명의 새가족을 정착시키는 바나바사역자들이 준비되어 있어 등록만 하면 그들을 정착시키는 데 온 힘을 쏟고 있는 것이다.[18)]

6) 양육

양육을 어떻게 하고 있는지를 묻는 질문에는 교우들의 문제를 파악하고 있는지, 그리고 체계적인 커리큘럼과 소그룹을 통한 양육과정이 있는지를 물었다. 그리고 양육을 통하여 어느 정도의 효과를 가져 왔는지를 물었다. 만남의교회는 양육과정이 기본과정으로 체계화되어 있기 때문에 가장 높은 점수인 100점 만점에 각각 96점(2004년, 2011년)을 맞았다.[19]

7) 훈련

훈련을 통하여 훈련생들의 삶의 변화가 일어나며 인격적인 변화를 가져오고 있는지와 제자도의 삶을 살아가고 있는지를 물었다. 그리고 소그룹을 충분하게 경험하고 있는지와 리더십을 길러내고 있는지, 나아가 소그룹을 통한 훈련과정을 통하여 충분하게 은사 배치가 이루어지고 있는지를 물었다. 만남의교회는 지난 12년 동안 한 해도 거른 적 없이 제자훈련과 사역훈련 과정을 통하여 리더자들을 발굴하여 사역하게 하고 있다.

지난 12년의 훈련과정을 통하여 본 연구자가 느끼고 체험한 것은 훈련과정이 다소 힘들고 어려운 점도 있지만 이 훈련과정을 통하여 많은 성도들이 삶의 변화를 가져 왔으며 인격적인 변화를 가져왔다는 사실이다. 그리고 훈련을 통하여 리더십의 은사가 있고 다양한 은사가 있는 사람들을 발견하여 그 은사에 맞는 사역에 배치하여 사역하게 했다는 것이다. 그리고 훈련을 통하여 끊임없이 리더자들을 발굴하여 왔으며 그들로 하여금 또 다른 소그룹을 맡기고 사역하게 하고 있다. 이번 교회건강진단 결과에 있어서도 훈련이 가장 높은 점수를 받게 된 것도 그런 지난날의 훈련과정 때문일 것이다.

8) 사역

사역에 관계된 질문에는 교회가 리더자들에게 충분하게 권한을 위임하고 있는가와 리더자들을 정기적으로 재충전하고 있는지를 물었다. 그리고 교회 안에는 다양한 사역의 장이 펼쳐 있는지와 네트워크 형성을 통하여 서로가 공유하고 있는지를 물었다. 사역에 있어서 리더자들에게 그 권한을 위임하는 것은 대단히 중요하다. 따라서 교회는 다양한 사역의 장을 준비하여 리더자들로 하여금 사역하는 교회가 될 때 건강한 교회라고 말할 수 있을 것이다.

9) 소그룹

소그룹은 각 교회마다 다양한 소그룹이 있을 것이다. 구역이나 목장, 다락방이나 가정교회 등 다양한 이름의 명칭으로 존재한다고 본다. 만남의교회는 가정교회라는 이름으로 소그룹이 존재하고 있다. 이 소그룹이 특별하게 차별화되어 있는지와 성도들끼리 그 안에서 사랑의 관계를 형성하고 있는지, 그리고 소그룹 안에서 모든 이들이 성장하고 있는지를 물었다. 나아가 소그룹 안에는 예비지도자가 준비되고 있는지를 물었다. 만남의교회의 장점 가운데 하나가 소그룹 운동이 활발하게 진행되고 있다는 것이다. 물론 본 연구자가 만남의교회를 개척할 때부터 소그룹을 중심으로 목회해 온 이유가 있겠지만 소그룹을 전공하고 있는 상황에서 소그룹을 어떻게 강화할 것인가를 연구한 나머지 소그룹인 가정교회가 활발하게 진행되고 있는 것이다.

교회 크기가 크고 성도들이 많이 모인다고 반드시 건강한 교회라고 말할 수 없다. 비록 적은 수의 성도가 모이고 교회 크기도 크지 않더라도 헌신된 평신도 리더가 준비되어 있고 그들로 하여금 소그룹 안에서 사역하게 한다면 교회는 반드시 건강한 교회가 될 수 있을 것이다.

감리교회의 창시자로 알려진 죤 웨슬리는 모든 신자를 조직적으로 훈련할 뿐 아니라 조직적으로 가정교회(속회)에 참여케 하였다. 그래서 예수를 믿는 자들을 하나의 속회로 12-13명, 또 그 안에는 착실히 믿는 사람들을 조로 6명 정도, 그리고 특별 신도회라고 해서 특별한 핵심 분자들을 그룹별로 훈련을 받게 하였다. 이와 같이 그룹별로 평신도들을 훈련시켜 평신도들로 하여금 전도하게끔 하였다. 이와 같이 평신도의 영성훈련을 통하여 모든 하나님의 백성이 전도에 임하게 하는 운동이 결국은 교회를 새롭게 할 뿐만 아니라 교회를 부흥시키는 놀라운 결과를 가져오게 했던 것이다.

1742년 2월 15일 웨슬리는 모든 회원을 약 12명씩으로 나누어 속회를 조직했다. 또한 죤 웨슬리는 속회에 속장을 두어 속회원들을 돌보게 했다.

소그룹 양육반 59기 현장모습

이러한 웨슬리의 소그룹운동은 하나님이 우주적인 하나의 "큰 교회 안에 있는 작은 교회(ecclesiola in ecclesia)"로써, 곧 뜻을 같이하는 사람들끼리 모인 작은 교회로써 전체 교회를 새롭게 하는 데 이바지하게 했다. 그는 속회와 무리(band)와 집단(society)이라는 작은 공동체를 만들어 복음 확산을 시도할 수밖에 없었다. 중요한 것은 웨슬리는 끝까지 영국 교회 안의 신앙 운동으로서 작은 교회(ecclesiola in ecclesia)라는 감리교 운동을 남기려 했다는 사실이다.[20)]

21세기인 지금의 목회와 앞으로의 목회는 건강한 소그룹으로 건강한 교회, 건강한 교인을 만드는 것이 그 관건이다. 그리고 우리 주님이 기대하고 계시는 것도 '교회 건강'이다. 건강한 교회가 될 때 사람들이 찾게 되어 있고 전도와 등록은 계속된다. 교회가 건강하고 성도가 건강하며 직분자들이 건강하기 위해서는 어떻게 할 것인가? 교회 직분자들과 지도자들, 구역장 내지는 순장, 목장들, 가장의 위치는 어느 정도인가?를 새롭게 점검하여 건강성 여부를 확인한 다음 이제는 소그룹 중심의 목회를 접목하거나 전환하여 지교회를 건강하게 하고 나아가 한국교회를 건강하게 세우는 아름다운 일들이 나타나기를 기대한다.

교회탄생 13주년 기념 비전 발표

○○○ 집사

만남의교회 탄생 13주년을 맞이하여 "제가 바라는 교회상과 개인적인 교회비전"을 말씀하고자 합니다.

저는 신앙의 가정에서 태어났습니다. 그래서인지 교회를 떠나보지 않았고 교회생활을 제법 많이 보면서 성장해 왔습니다. 저에게 어렸을 때의 교회는, 큰 마법의 성처럼 신기하고, 재밌고, 무언가 신비로움으로 가득찬 곳이었습니다. 그러나 청소년 시절에는 아픔을 겪으면서 성장했습니다. 교회 안에서 벌어진 기득권 싸움이었습니다.

그리스도의 피 값으로 산 주님이 계신 곳에서 예배를 거부하고, 난동하는 모습들을 보면서 마음의 문이 닫혀버린 암흑의 시간이었습니다. 장년기에 들어서는 깊이 있는 말씀의 갈급함과 목마름을 채워줄 수 있는 가깝고도 살아있는 교회를 찾기에 급급했던 시기였습니다.

고향교회를 떠나 타향생활로 많은 교회를 다녀보지 않았지만, 갈급했던 저에게 시원하게 해결해 주었던 교회는 없었습니다. 그러던 중 금호동으로 이사 오게 되었고, 새롭게 교회를 찾던 중 만남의교회를 만났습니다. 저에게 우리 만남의교회는 아름다운 보금자리가 되었습니다.

만남의교회는 제 믿음의 길을 다시 새롭게 계획하고, 신앙의 디테일한 부분까지 변하게 하며, 간절한 마음으로 주님을 사랑하게 하는 어쩌면 신앙의 새로운 시발점을 갖게 해준 전환점이 된 교회입니다.

제가 느끼고 체험한 몇 가지 이유가 저의 개인적 판단이고 주관적인 이유이지만 솔직하게 말씀드리겠습니다.

먼저, 목사님의 에너지 넘치는 열정과 주님만 드러내며 증거하시는 진리의 선포된 말씀입니다. 또 한 가지는, 제자들을 세워나가시기까지 끊임없는 도전과 변함없는 목회에 대한 분명한 철학과 비전이 확실했습니다.

저는 이러한 교회에 저와 저의 가정을 맡기기로 마음먹고 마음을 오픈하기 시작했으며, 주님의 나라를 사모하며 준비하게 하셨습니다. 저는 우리교회만의 양육과정과 훈련과정이 교회를 건강하게 만든다고 자부합니다. 양육과 훈련을 통해서 평신도를 깨워 지도자로 세우고, 동역자를 세워 건강하고 소망과 믿음의 준비된 헌신을 할 수 있도록 시스템이 체계적이어서 자랑스럽습니다.

대그룹인 예배와 소그룹인 가정교회의 양 날개 비상을 위해 말씀과 섬김과 사랑과 헌신이 이루어지는 것도 큰 보람이며 기쁨입니다. 특히 한 영혼을 귀하게 여기는 그리스도의 사명에 따라 영혼을 구원하는데 디모데, 바울, 두발로, 빌립전도대를 두어 전도대뿐 아니라 전교인이 영혼 섬기는데 전력을 다하고 있는 것도 저의 자랑입니다.

또한, 등록된 영혼을 정착시키는데 바나바사역의 헌신은 아름다운 보석과도 같이 귀하기만 합니다. 이 모든 것이 주님의 나라를 향한 헌신과 섬김이라고 여깁니다.

초심의 마음과 식지 않은 열정으로 향후 가정교회 50개, 100교회 부흥과 지도자 100명과 200명을 세워가며, 52개 여전도회, 30개 남선교회, 100개의 전문소그룹팀이 기대됩니다. 그리고 평신도를 세워가는 사역오픈과 지역교회를 섬기며, 많은 영혼을 살리는데 하나가 되어 준비할 때에 5년 후, 10년 후, 50년 후 저희 만남의교회는 주님께서 쓰시는 강하고 담대한 교회가 되리라 믿습니다.

이 모든 비전과 소망을 믿음으로 구하고, 받은 줄로 알며 기도할 때에 반드시 속히 이뤄주시라 믿습니다. 성도들 모두가 각자의 주어진 은사대로 헌신하고, 주님이 택하신 목사님을 순종과 사랑으로 섬기며, 장로님과 권사님과 집사님들이 그리스도의 맏아들이 되어 많은 내 형제, 자매를 돌보며, 선하고 착한 마음으로 그리스도의 성전이 되어주었으면 합니다.

저는 우리 만남의교회가 좋습니다. 때로는 신앙의 지침과 슬럼프도 있었지만, 이 또한 믿음으로 이겨낼 것입니다. 더 큰 사랑과 헌신으로 공동체 안에서 하나될 수 있도록, 묵묵히 그 길을 걸어가려고 합니다.

만남의교회 모든 성도가 많은 영혼을 위로하고, 믿음과 기도로 격려하며, 나아갈 수 있기를 기대합니다. 그리고 기쁨있는 순종의 결단과 섬김의 손길들이 하나가 되어 이 지역의 복음의 전파자로서 주님 오실 때까지 맡은바 본분을 잘 감당하리라 확신합니다.

개개인뿐 아니라 공동체가 복을 받고, 변화되고, 평안의 기쁨을 누릴 수 있는 그리고 하나님께서 함께하시는 교회가 될 수 있기를 간절히 기도합니다.

이 모든 것이 성령님의 나타나심과 능력과 권세가 충만한 교회가 되어 은혜의 빗줄기, 의의 빗줄기에 흠뻑 젖는 교회가 되리라 믿음으로 구합니다.

만남의 성도로 살아오면서 보람된 일들

○○○ 집사

제가 교회를 처음 다니기 시작한 것은 고등학교를 들어가기 시작할 때 쯤이었습니다. 시골에 자그마한 교회를 다니기 시작하면서 처음 예수님을 알게 되었고, 저는 무척이나 열심히 신앙생활을 했습니다. 시골에 있는 작은 교회라 인원이 얼마 되지 않은 이유도 있지만 다니기 시작한지 얼마 되지 않을 때부터 유치원 아이들을 돌보고 가르쳤습니다. 그리고 성가대로 온갖 봉사를 다하면서 즐겁게 신앙생활을 하며 예수님과의 친밀한 교제를 나누며 생활하기 시작했습니다. 친구들과 가끔 고등학교 추억을 이야기 할 때 저는 학교, 집, 교회, 학원 밖에 다닌 기억이 없다고 이야기합니다. 그렇게 열심히 신앙생활을 하면서 저는 직장을 따라 경기도로 가게 되었습니다. 경기도에서 여러 큰 교회를 다니며 적응하기를 힘썼지만은 적응을 잘하지 못했습니다.

그 후 광주로 다시 직장을 옮기면서 과거에 다녔던 시골교회로 다녔습니다. 그러나 사정이 여의치 않아서 빼먹는 날이 생기고, 광주 집 근처로 가면 적응이 안되기를 반복하면서 저는 신앙생활과 거리가 멀어지기 시작했습니다. 그 당시 저는 청년이었기에 그리 소속되어 관리가 되었더라면 하는 생각이 들기도 합니다. 그렇게 교회와 멀어지기 시작하면서 이른 결혼을 하게 되었고 큰아이를 낳고 둘째 아이가 3살쯤 될 무렵에 만남의교회를 다니기 시작했습니다. 지금의 심육남 권사님의 권유로 만남의교회를 오게 되었습니다.

그때는 목사님이 아마 교회를 개척하신지 한 1년쯤 되신거 같습니다. 대주아파트 2층 상가의 자그마한 교회였으니까요... 지금 되돌아보면 감회가 새롭습니다.

처음 교회 왔을 때 친절한 분위기와 친절한 사람들에게 놀랐었습니다. 그 어느 교회에서도 느끼지 못한 따뜻한 분위기를 느꼈습니다. 과거 시골교회에서 느꼈던 가족같은 분위기가 좋았습니다. 그 후 한 번, 두 번 나오게 되면서 과거 잃어버린 주님의 첫사랑을 회복하기 시작했습니다.

제가 만남의교회에 확실하게 정착하며 섬겨올 수 있었던 것은, 소그룹사역의 기본과정을 배우면서입니다. 양육반·영성반·교회론반의 기본과정을 배우면서 그 전에 막연히 알고 있던 주님의 세계와 주님의 섭리를 배우게 되었고, 저는 신앙생활의 참 맛을 알게 되어갔습니다.

우리 교회입구에 이런 말이 있습니다. "인생의 방황은 예수님을 만나면 끝이 나고 신앙의 방황은 좋은 교회를 만나면 끝이 난다". 저는 이 문구를 참 좋아하고 자주 인용하기도 합니다. 정말 그렇습니다. 신앙의 방황은 좋은 교회를 만나면 끝나는 것 같고, 좋은 교회를 통해서 신앙의 성숙과 성장이 일어나는 것 같습니다.

저는 여러분들과 제가 정말 좋은 교회를 만났다고 확신합니다. 제가 다녀본 경험에서 느낀 결과입니다. 그렇게 소그룹 사역의 기본과정을 마쳤습니다. 제가 다닐 때는 성장반 과정이 없어서 저는 쉬지 않고 바로 제자훈련 과정을 하게 되었습니다. 제자훈련의 1년 과정을 되돌아보면 참 오래 전 일이지만 그때만큼 행복했던 시절도 없었었구나 하는 생각이 들 정도입니다. 많은 분들의 기도를 받으면서 하루하루 주님과의 교제가운데 많은 은혜를 경험하며 제 신앙을 성숙시키는 계기가 되었습니다. 제자훈련을 생각하면 목사님의 열정이 자동으로 떠올려집니다. 제자훈련 사역을 통해 주님의 제자 만드는 일에 생명을 거신 목사님을 생각할 때, 좋은 교회만큼 훌륭한 목사님을 만나게 하신 하나님께 감사드리지 않을 수 없습니다.

만남의교회가 여기까지 오게 된 이유가 바로 "목사님의 이런 열정과 훌륭한 소그룹시스템의 과정이다"고 감히 자신 있게 말해봅니다. 저는 현재 만남의교회의 꽃인 가정교회 가장사역을 맡고 있습니다. 가장을 맡으면서 가원들과의 행복한 시간들을 떠올려봅니다. 기쁜 일도 있었고, 힘든 일도, 슬픈 일도 있었지만, 변함없이 가원들을 섬길 수 있게 하신 하나님께 감사드리며 옆에서 늘 지도해주신 목사님께도 감사드립니다.

가원들과 찬양페스티발을 준비할 때면 얼마나 행복한지 모릅니다. 찬양연습을 통해 하나가 되고, 같은 가정교회임에 서로 행복을 느끼며, 서로 위해 주는 사랑의 공동체임을 확인하면서 그렇게 같은 가정교회 안에서 주님을 만나갑니다.

"만남의교회 가정교회모임"은 우리를 감히 그 어떤 것보다 주님 안에 있게 함을 느낍니다.

1년 전에는 사역훈련까지 마치면서 지난 12년 동안 만남의교회와 함께 제 인생이 걸어왔습니다. 지금은 제 아이들이 이 교회를 통해서 신앙생활을 하고 있습니다. 아이들과 함께 이곳에서 신앙생활을 하면서 우리 아이들도 이 교회를 통해서 성장할 수 있기를 기도하며 기대합니다. 이 교회를 통해서 신앙의 성숙과 인생의 성공이 함께 있을 수 있기를 소망합니다.

부족하고 연약하여 넘어질 수밖에 없는 나약한 인간이지만 이런 저도 이 교회를 통해 끊임없이 제 자신을 주님 앞에 세워갈 수 있고, 주님 앞에 성장해 나갈 수 있었습니다. 그 모든 것이 첫째는, 하나님의 은혜이지만은 또 하나는, 만남의교회 사역시스템을 통해서입니다.

저는 감히 내 자신에게 말합니다. 정말 좋은 교회를 만나게 되었다고요. 앞으로 내 앞길에는 어떤 일들이 펼쳐지게 될지 알 수는 없습니다. 그러나 나의 보금자리인 이 곳을 떠나지 않을 것입니다. 이곳 만남의교회에서 주님이 주신 복을 받을 것입니다. 그리고 나누며 살아갈 것입니다. 또한 주님의 잘했다 칭찬받는 자녀가 되도록 노력할 것입니다. 지난 12년 동안 만남의교회에 몸 담게 하신 하나님께 깊은 감사와 영광을 돌립니다.

감사합니다.

주

Design 1 _하나님이 인생을 디자인하다

1) 2010. 12. 29 통계청 보도 자료.

2) 2005 인구 주택 총 조사가 11월 1일 ~ 15일에 실시되었는데 2005년 조사에서는 세대별로 종교 조사가 이뤄졌고 종교 인구 조사는 10년에 한 번씩 시행하고 있다.

3) 마크 데버, 건강한 교회의 아홉 가지 특성. 권태경 편역, (서울: 생명의말씀사, 2001), p.11.

4) 이성희, 미래목회 대예언. (서울: 규장, 1998), pp.10-11.

5) 크리스티안A. 슈바르츠, 자연적 교회성장.(서울: NCD, 2001). pp.22-37.

6) 빌 도나휴·러스 로빈슨, 소그룹 사역을 망치는 7가지 실수. (서울: 국제제자훈련원, 2003), p.26.

7) 전요섭, 소그룹 지도방법. (서울: 은혜, 1994), pp.30-34.

8) 채명수, "소그룹 사역이 교회 성장에 미치는 영향"(총신대학교 선교대학원 석사학위 논문 2000), pp.14-15.

9) Neal F. Mcbride, 소그룹 인도법. 네비게이토 역, (서울: 네비게이토, 1997), p.9.

10) 채이석, 이상화, 건강한 소그룹 사역 어떻게 할 것인가?. (서울: 기독신문사, 2000), p.12.

11) 명성훈, 교회성장을 위한 소그룹사역의 원리와 전략. (서울: 교회성장연구소, 2002), p.15.

12) 서정호, 영암교회, 2008년 목회, 나는 이렇게 준비한다. (서울 : 영암교회, 2008) p.5.

Design 2 _뻔한 소그룹 가정교회로 디자인하다

1) Ralph W. Neighbour, 셀 교회 지침서. 정진우 역, (서울: NCD, 2003), p.25.

2) 채이석, 이상화, 건강한 소그룹 사역 어떻게 할 것인가?. pp.19-20.

3) 최영기, 가정교회로 세워지는 평신도 목회. p.67.

4) Ibid, p.69.

5) 로버트 뱅크스, 교회, 또 하나의 가족. p.22

6) 최상태, "제자훈련과 가정교회" 평신도를 깨운다. (서울: 국제제자훈련원, 40호), p.12.

7) Ibid, p.12.

8) 박승로, 가정교회가 교회를 살린다. (서울: 에벤에셀, 2000), pp.135-136.

9) 최영기, 구역조직을 가정교회로 바꾸라. (서울: 나침반사, 1998), pp.157-158.

10) 최영기, 가정교회로 세워지는 평신도 목회. p.67.

11) Ibid, p.69.

12) 강정원, 반갑습니다. (광주: 무등인쇄출판, 2005), p.38.

13) 권문상, 부흥, 어게인 1907. p.260.

14) 세포와 교회의 상관성을 이해하기 위해서는 론 투르딩거의 가정소그룹 모임(Cells for Life). 장동수 역, (서울: 기독교문서선교회, 1991), p.29-33.

15) 로버트 뱅크스, 교회 또 하나의 가족. p.13-14.

16) 최영기, 구역 조직을 가정교회로 바꾸라. p.19.

17) 로버트 뱅크스, 교회 또 하나의 가족. p.22-23.

18) Ibid., p.17.

19) 김연택, 21세기 건강한 교회. p.89.

20) 박승로, 가정교회가 교회를 살린다. p.17-18.

21) 로버트 뱅크스, 교회, 또 하나의 가족. p.23.

22) 빌 벡헴은 그의 저서 제2의 종교개혁. 터치코리아 사역팀 역(서울: NCD, 2000), pp.32-33에서 창조주는 두 날개를 가진 교회를 창조하셨는데 한 날개는 대규모 그룹의 예배를 위한 것이고 다른 한 날개는 소그룹의 공동체를 위한 것이다라고 말한다. 그런데 시간이 흘러 소그룹의 날개를 사용하지 못하는 한쪽 날개만을 사용하는 교회 구조로 바뀌었고 지금은 교회가 소그룹이라는 날개를 회복해야 할 것을 강조하고 있다.

23) 이 부분에 있어서 가정교회를 운영하고 있는 많은 교회의 목장 임명과는 확연히 다르다. 어떤 교회는 가정교회를 처음 시작하면서 제일 먼저 목자들부터 임명했다.

24) 호남신학대학교 편, 교회란 무엇인가?. (서울:한국장로교출판사, 1999), p.142.

25) 부르스 라이스만, 교회의 의미와 사명. 김득중 역, (서울:컨콜디아사, 1991), p.13.

26) Henry C. Thiessen, 조직신학강론. 권혁봉 역, (서울 : 생명의말씀사, 1983), p.635. 박승로, 가정교회가 교회를 살린다. pp.23-24. 재인용.

27) 로버트 뱅크스, 교회 또 하나의 가족. 장동수 역 (서울: 한국기독학생회출판부, 2003) p.44.

28) Ron. Trudinger, 가정 소그룹 모임. 장동수 역(서울: 기독교문서선교회, 1991), pp.21-22.

29) 권문상, 부흥어게인 1907. p.261.

30) Robert Banks, 바울의 공동체 사상. 장동수 역, p.46.

31) Ron. Trudinger(론 투르딩거), 가정 소그룹모임. pp.26-27.

32) Ibid., p.27.

33) 권오현, 바울의 생애(상). (서울: 기독교서회, 1997), p.376.

34) 로버트 뱅크스, 바울의 공동체 사상. p.47.

35) 빌 벡헴, 제2의 종교개혁. p.153.

36) 최영기, 가정교회로 세우는 평신도 목회. pp.41-42.

37) 권문상, 부흥어게인 1907. p.263. 재인용.

38) 로버트 뱅크스, 바울의 공동체 사상. p.48.

39) 바울이 교회 공동체 지체들을 지칭할 때 이러한 가족적 용어들을 사용한 것으로 볼 때 그가 얼마나 교회를 가족적으로 생각했는지 알 수 있다. 그는 진정 '가족교회'를 꿈꾸었고 그 꿈을 실현하려고 노력했다. 그래서 그는 교회 성도들 모두를 한 가족으로 여겼다. 특히 교회가 갈등과 분쟁 중일 때 그 중요 당사자들을 얼마나 사랑으로 용납하려 했는지는 그들을 "그리스도께서 위하여 죽으신 형제"라고 말한 대목에서 잘 나타난다. 그래서 웨스트민스터신학대학원대학교의 권문상 교수는 그의 책에서 한국문화에서는 '가족교회'라는 용어를 피력하고 있다.

40) Vincent Branick, The House Church In the Writings of Paul. Zacchaeus Studies: New Testament, Wilmington, 1989, pp.16-17.

41) 로버트 뱅크스, 바울의 공동체 사상. pp.47-49. 초대교회 초창기의 예배 모습을 이해하기 위해서 로버트 뱅크스가 지은 1세기 교회의 예배 모습 장동수 역 (서울: 여수룬, 1989)이 있다.

42) Vincent Branick, op. cit., p.13.

43) 빌 벡헴, 제2의 종교개혁. pp.156-157.

44) 지미 롱 외, 소그룹 리더 핸드북. IVF자료개발부 역, (서울: IVP, 1996), p.35-36.

45) 최영기, 가정교회로 세우는 평신도 목회. p.67.

46) 헤르만 바빙크, 하나님의 큰일. 김영규 역, (서울: 기독교문서선교회, 1999), p.56.

47) 루이스 벌코프, 조직신학(하). 권수경, 이상원 역, (서울: 크리스찬 다이제스트, 2000), p.812-813.

48) 신약 성경에 기록된 초기 교회의 모임 형식은 소규모였으며 특히 집에서 모였다(행 12:12 마가의 어머니 마리아의 집, 브리스가와 아굴라의 집에서 모이는 교회 롬 16:30-5 등)는 것은 이 같은 사실을 증언한다.

49) 여기서부터 사용하는 '평신도'라는 용어는 차별을 위한 용어가 아니라 전문적인 신학 수업을 한 목회자와의 구별을 위해 사용하는 것이다.

50) Ibid., p.142.

51) 권문상, 부흥어게인 1907. p.263. 볼프강 짐존, 황진기역, 가정교회(서울: 국제제자훈련원, 2004) p.80.

52) 권문상, 부흥어게인 1907. p.263. 재인용. Robert & Julia Banks, 장동수 역 ,교회, 또 하나의 가족 (IVP, 2003)

53) 권문상 교수는 그의 책 "부흥 어게인 1907" P.271에서 가족교회를 심도 있게 전개하고 있는데 한국인 교회의 교회의 갈등과 분쟁, 분열 구조를 치유할 수 있는 것은 가족교회여야 한다고 주장한다. 가족교회는 그리스도인들이 가정이라는 공간에 얽매이지 않고 한국적인 친밀한 가족 정신 아래서 개방성을 지향하는 코이노니아 공동체이기 때문이다.

54) 로버트 뱅크스·줄리아 뱅크스, 교회, 또 하나의 가족. (IVP, 2003), pp.53.

55) 권문상, 부흥어게인 1907. p.225.

56) Ibid., p.222.

57) 목회와 신학 대담, "소그룹으로서의 가정교회 운동" 목회와 신학 (서울: 두란노서원, 11월호/2007), p.101.

58) Ibid., p.101.

59) 뱅크스 부부는 두 번째로 언급한 의미의 가정교회를 교회 내에 있는 소그룹으로서의 가정교회보다는 '가정교회에 기반을 둔 교회'(home-church-based congregation)라는 말을 사용하는데, 이 용어보다는 한국 교회의 상황에서는 '전체 교회 내에 있는 가정교회(home church in church)'라고 표현하는 것이 많은 오해를 피할 수 있으며 이 글의 논의에 적합할 것으로 보인다. 로버트 뱅크스·줄리아 뱅크스, 교회, 또 하나의 가족. 장동수 역, (서울: IVP, 2003), p.13.

60) 최영기, 구역조직을 가정교회로 바꾸라. (서울: 나침반, 2001), p.20.

61) 최정성, 구역관리와 교회성장. (서울: 엘멘, 1993), p.25.

62) 김찬종, 교회성장을 위한 구역운영지침서. (서울: 솔로몬, 1991). p.17.

63) 론 니콜라스 외, 소그룹운동과 교회성장. 신재구 역 (서울: IVP, 1002), p.119.

64) 곽선희, 교회성장의 신학적 이해. (복된 말씀, 1973년 10월호), p.9.

65) 열린문교회, 제16차 목회자 초청 가정교회세미나 교제 2003 p.4.

66) Ibid., pp.20-21.

67) 김영태, "전통교회에서 Cell의 건강한 성장과 번식에 관한 고찰" (총신대 선교대학원

석사학위 논문, 2006), p.11.

68) 조엘 코미스키, 셀그룹폭발. (서울: NCD, 2002). p.19.

69) Bill Hull, 박경환 역, 목회자가 제자삼아야 교회가 산다. (서울: 요단출판사, 1994) p.252.

70) 조태환, 환희와 함께 가는 가정교회. (서울: 도서출판 NCD, 2009), pp.216-219.까지 참조했으며 가정교회와 어느 부분이 차이가 있는지를 살펴보았다. 그리고 좋은 점들은 그대로 실었고 가정교회에서 독특하게 운영하고 있는 내용들을 첨가하여 제시하였다.

71) 옥한흠, 평신도를 깨운다. (서울: 국제제자훈련원, 2010), p.34.

72) Ibid., p.4

73) 최상태, 21세기 신교회론 - 이것이 가정교회다. (서울: 국제제자훈련원, 2002) p.103.

Design 3 _만남의교회 가정교회로 디자인하다

1) 옥한흠, 평신도를 깨운다. (서울: 국제제자훈련원. 2010), pp.50-53. 옥한흠은 교회의 본질을 '하나님의 백성'. '성령의 전'.'그리스도의 몸'이라는 성서적 전거를 통해서 평신도와 목회자가 동등한 사역자임을 강조한다.

2) 류장현, "21세기를 위한 교회론의 정립" 21세기 목회. (서울: 21세기 목회협의회, 가을호/2004), p.126.

3) C. F. George, Prepare your Church for the Future.. Grand Rapids: Fleming H. Revell, 1992, p.98

4) C. F. George, Prepare your Church for the Future. p.99

5) 이성희. 미래 사회와 미래 교회. (서울: 대한기독교서회. 1996), pp.207-208. 헬라어에서 '동역자'란 '함께 일하는 자'. 혹은 '도와주는 자'라는 의미이며, 경우에 따라서는 '한 부분을 담당하다'는 뜻으로 사용되기도 한다.

6) 피터 와그너, 권달천 역, 교회성장원리. (서울: 생명의말씀사, 1980), p.18.

7) 헨드릭 크레머, 평신도신학. p.19.

8) 전호진, 선교학. (서울: 개혁주의신행협회, 1985), p.72.

9) 바나바사역이란 등록한 새가족과 훈련받은 사역자와 1대1로 관계를 맺고 초신자는 5주 과정으로, 기신자는 3주 과정의 만남을 통해 정착시키는 사역을 말한다.

10) Covey, Stephen R. 성공하는 사람들의 7가지 습관. (서울: 김영사, 1997) p.20.

11) Ibid, 부록1.

12) 매년마다 가정교회 세미나가 시행되는 경기도화평교회 '가정교회지도자 세미나'에 평신도 예비가장과 예비 지도자들을 참석케 하여 그 현장을 보게 하고 있다.

13) 5월21일부터 24일까지 CBS광주방송 주관 '일본선교여행'에 현 지도자 12명을 참석게 하여 그들의 수고를 위로하고 격려하면서 일본 기독교 탄압 순교지(시마바라성)를 방문하여 지도자의 길을 걷는데 힘이 되게 했다. 그리고 현지 목사 간증집회에 참석하여 영적 충전을 했다. 2011년 5월에는 대만으로 선교여행을 다녀왔다.

Design 4 _가정교회 디자인 Zoom in

1) R. P. Stevens, 21세기를 위한 평신도 신학. 홍병룡 역, (서울: 한국기독학생회출판부.2005). pp.37-38.

2) H. Kreamer, 평신도 신학. 유동식 역, (서울 : 대한기독교서회, 1999) p.172.

3) Ibid., pp.37-40.

4) H. Kreamer, 평신도 신학. p.55.

5) 은준관, 실천적 교회론. p.106. 주후 2세기 이후에 일어난 사역의 역사적 변화는 크게 두 가지이다. 하나는 단일 감독제의 출현이고, 다른 하나는 사역의 사제화이다. 특히 단일 감독제는 주후 325년을 기점으로 감독-장로 체제를 성직자(클레로스)와 제사장직으로 계급화하면서 평신도로부터 분리하는 결과를 가져왔다.

6) Ibid., pp.52-54.

7) 이장식, 평신도는 누구인가?. (서울: 대한기독교출판사. 1980). p.30.

8) 최상태, 제자훈련과 가정교회 세미나. (경기:화평교회, 2010) 교재 p.3-5와 21세기 신교회론, 이것이 가정교회다. pp53-61. 그리고 홈페이지(www. hwapyung21.org)를 이용했으며 담임목사와 부목사와의 만남과 통화를 통해 정리하였다.

9) 소그룹의 핵심가치 중의 하나는 선교적 삶을 살아가는 것이다. 화평교회가 이렇게 많은 선교지를 협력할 수 있는 것은 소그룹마다 매 예배 시에 드려진 선교헌금을 모아 적게는 7만 원에서 약 20만 원을 모아 소그룹별로 매월 선교하고 있기 때문이다.

10) 최상태, 이것이 가정교회다. pp.246-250. 참조

11) 2007년과 2008년 두 차례 직접 방문하여 담임목사로부터 설명을 들었으며 박정식, 평신도는 없다. (서울:국제제자훈련원, 2003)를 참고했다.

12) 이광수, 소그룹이 살아야 교회가 건강해진다. 서울:한국학술정보(주), 2010에서 많이 참고했으며 담임목사와의 대화를 통해 정리하였다.

13) 용인신갈장로교회에서는 소그룹 리더를 '섬김이'라고 부른다.

14) 연구자가 연구목적을 위해 설문지를 통해 질문한 질문 문항 가운데 분석에 활용한 질문 목록을 말한다.

15) 분석 기법의 일종으로 두 집단의 응답 분포를 비교하여 두 집단의 응답의 차이를 확인하는 분석을 말한다.

16) X 2 는 X위에 작은 첨자로 2가 들어가는 형태이며 이는 위의 교차분석을 통해 두 집단의 응답의 차이를 통계 검정하기 위한 검정통계량 값을 말한다.

17) 국제제자훈련원(원장 오정현목사)은 "건강한교회를 꿈꾸는 목회자의 동반자로서 제자삼는 사역을 중심으로 성경적 목회모델을 제시함으로 세계교회를 섬기는 전문기관"이다. 전국적으로 네트워크를 형성하여 전국 팀장을 비롯하여 지역별 팀장을 운영하고 있다. 중요사역으로 교회건강진단 컨설팅과 각종 세미나를 개최하며 제자훈련 코칭과 제자훈련 체험학교, 대각성 네트워크를 형성하고 있고 훈련에 관계된 전문 서점을 운영하고 있다.

18) 만남의교회는 새가족 정착에 있어서 1대1로 바나바사역자들이 5주 또는 3주 안에 정착을 시키면 기본소그룹과정을 거쳐 양육과정을 하게 한다.

19) 만남의교회는 6주 과정의 양육반과 6주 과정의 영성반, 그리고 6주 과정의 교회론반을 통해 확실하게 정착과 함께 양육을 하고 있다.

20) 은준관, 신학적 교회론. pp.246-247.